高速公路项目建设单位
财务管理指南

张天灵　卢　芸　李　庄　主编

人民交通出版社股份有限公司
北　京

内 容 提 要

为更好地服务交通强国建设和交通运输高质量发展，本指南结合高速公路建设单位的业务特点，对高速公路项目全面预算管理、资金管理、会计核算、税务管理等方面的内容做了具体介绍。本指南兼顾实用性、专业性和可操作性，有助于高速公路建设单位财务人员熟悉和掌握财务管理要点和业务技能，助推企业财务管理转型升级，更好地支撑企业发展，同时，为高速公路建设单位创建规范、稳健、高效的财务管理体系提供业务指引。

图书在版编目(CIP)数据

高速公路项目建设单位财务管理指南/张天灵，卢芸，李庄主编. —北京：人民交通出版社股份有限公司，2023.7

ISBN 978-7-114-18747-6

Ⅰ.①高… Ⅱ.①张…②卢…③李… Ⅲ.①高速公路—基本建设项目—财务管理—广西—指南 Ⅳ.①F540.58-62

中国国家版本馆 CIP 数据核字(2023)第 073740 号

书　　名：高速公路项目建设单位财务管理指南
著 作 者：张天灵　卢　芸　李　庄
责任编辑：齐黄柏盈　郭晓旭
责任校对：赵媛媛　龙　雪
责任印制：张　凯
出版发行：人民交通出版社股份有限公司
地　　址：(100011)北京市朝阳区安定门外外馆斜街 3 号
网　　址：http://www.ccpcl.com.cn
销售电话：(010)59757973
总 经 销：人民交通出版社股份有限公司发行部
经　　销：各地新华书店
印　　刷：北京虎彩文化传播有限公司
开　　本：787×1092　1/16
印　　张：12.25
字　　数：260 千
版　　次：2023 年 7 月　第 1 版
印　　次：2023 年 7 月　第 1 次印刷
书　　号：ISBN 978-7-114-18747-6
定　　价：68.00 元
(有印刷、装订质量问题的图书，由本公司负责调换)

《高速公路项目建设单位财务管理指南》编写委员会

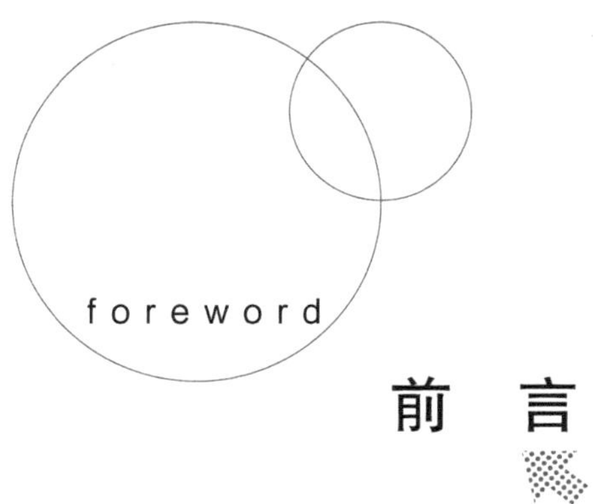

前　言

2022 年 1 月，广西壮族自治区党委、政府印发《广西综合立体交通网规划(2021—2035 年)》，计划到 2035 年，形成“互联多区、汇聚核心、外通内畅、衔接充分、布局平衡、可靠高效”的高速公路网络。作为广西交通建设的主力军，截至 2022 年 12 月，广西交通投资集团有限公司实现建设总里程 6214.8 千米，概算总投资 6667.2 亿元，累计完成投资 4475.5 亿元。建成项目 41 个，新增通车里程 3869.5 千米，新增 30 个县通高速公路，助力广西高速公路发展实现质的飞跃。广西高速公路投资有限公司为广西交通投资集团有限公司管理项目建设的下属公司，一直致力于公路项目建设管理标准化、规范化、品质化的提升。为更好地贯彻落实广西交通规划部署，实现广西交通投资集团有限公司打造国内一流、东盟知名的发展目标，广西高速公路投资有限公司组织相关人员，在现行行业规范以及会计制度的基础上，吸收总结各项目建设管理经验，编制本指南。

本指南分为全面预算管理、资金管理、会计核算、税务管理、财务报表和会计档案六章，内容以广西交通投资集团有限公司建设的公路项目为例，推广适用于其他地区的公路建设项目、改扩建项目以及代建项目等建设单位的财务管理工作。受时间、经验、能力条件限制，本指南可能存在疏漏和不足之处，敬请各位同行提出宝贵意见，我们将在日后的工作中不断完善。

编　者

2023 年 5 月

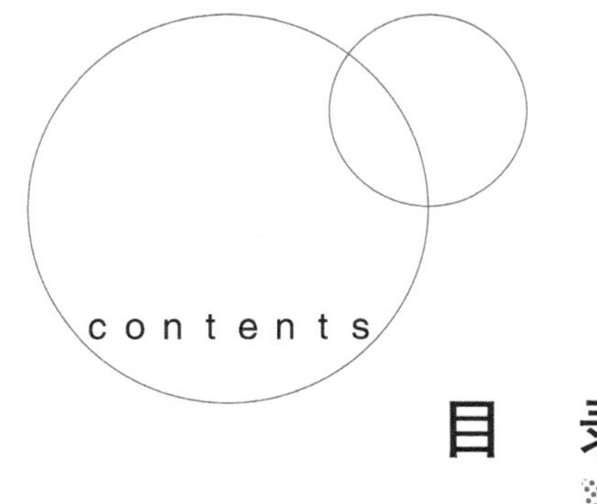

目　录

第一章 全面预算管理

第一节 全面预算管理概述

一、全面预算管理的目标

全面预算管理是以实现公司战略规划和经营目标为目的、涵盖未来一定时期内所有经营活动过程的内部管理活动，是企业最高管理层为整个企业及其各部门所预定的目标、策略及行动方案的正式的、数量的表达，即用财务数据和统计表格表达（或确定）的企业经营计划或目标，同时是一项全员参与、全方位管理、全过程控制的综合性系统管理活动。其具体包括全面预算组织机构、全面预算业务流程和内容体系、全面预算编制、预算的执行与监控、控制调整和预算考评等，是一种能够有效提高管理水平和管理效益的管理模式。

二、全面预算管理的基本任务

全面预算管理的基本任务包括以下内容：

（1）根据公司战略目标，确定公司的年度经营目标并组织实施。

（2）明确公司内部各个层次的管理责任和权限。

（3）对公司经营活动进行控制、监督和分析。

（4）保证公司经营目标和预算的全面完成。

三、全面预算管理的基本原则

全面预算管理的基本原则主要有以下5条：量入为出，综合平衡；目标控制，分级实施；权责明确，严格管理；注重效益，防范风险；分解细化，严格执行。

第二节 全面预算管理组织架构

全面预算管理组织架构包括但不仅限于公司董事会、全面预算管理委员会、预算管理办公室。各层级管理职能不同,具体如下。

一、公司董事会预算管理职能

公司董事会是全面预算管理的最高决策机构,其职能如下:

(1)按照公司经营发展规划及确定的年度经营投资目标、经营策略,审议批准公司年度预算目标。

(2)审议年度预算方案,审批预算。

(3)审批预算考核制度。

(4)审批预算重大调整申请。

(5)授权全面预算管理委员会组织、制定、协调公司全面预算,提供预算政策指导。

二、全面预算管理委员会管理职能

全面预算管理委员会是公司董事会所属的预算管理专业委员会,在董事会授权下负责公司全面预算管理的组织、协调及考核工作,其成员包括公司董事长、公司领导班子、主要职能部门负责人。其职能如下:

(1)根据董事会审批的战略目标和年度经营目标,组织拟定和审议预算目标,并确定预算目标分解方案。

(2)组织拟定和审议全面预算管理制度与流程规范。

(3)组织编制、综合平衡预算草案。

(4)将经过审议的预算提交公司董事会审议审批,按要求报上级单位审核批复。

(5)协调解决预算编制和执行过程中部门之间的重大问题。

(6)审议预算调整方案,依据授权对预算一般性调整进行审批。

(7)定期检查和研究分析公司的预算执行报告,听取预算执行部门的汇报,提出改进意见,督促预算管理目标的实现,汇总上报董事会。

(8)研究确定预算考核原则、依据、程序和指标体系,按照董事会批准的预算考核制度兑现奖惩措施。

三、预算管理办公室管理职能

全面预算管理委员会下设预算管理办公室,作为全面预算管理的执行机构,在全面预算管理委员会的领导下履行日常管理职能。分管财务的副总经理或总会计师任办公室主任,财务部部长任办公室副主任,公司各职能部门指派专人为成员。其主要职能如下:

(1)具体负责拟订和修改公司各项全面预算管理制度、预算编制办法、预算监控办法等,报全面预算管理委员会审议。

(2)按照全面预算管理委员会下达的预算目标,具体指导并组织公司各部门编制预算,并召开预算联审会议，对公司各部门编制的预算草案进行初步审查、协调和平衡，汇总后编制预算草案，并报全面预算管理委员会审议。

(3)在预算执行过程中，监督和控制公司各部门全面预算执行情况，定期向全面预算管理委员会上报预算执行的评价分析和反馈。

(4)负责将投资、经营等方面发生的重大改变和突发事件，以及预算内出现较大偏差或预算外费用的项目，及时报告全面预算管理委员会，并拟定调整方案，报上级单位审批。

(5)负责审查公司各部门上报的预算调整事项，制作调整草案，报全面预算管理委员会或公司董事会审议，审议通过后再报上级单位审批。

(6)按照预算考核指标体系，为预算考核提供相关的综合评价，提出奖惩建议，报全面预算管理委员会审议。

(7)负责协调处理预算执行过程中出现的一般问题。

四、预算责任主体管理职能

预算责任主体是指根据其在企业预算总目标实现过程中的作用和职责划分，承担一定经济责任，并享有相应权利和利益的企业内部控制单位。预算责任主体为公司各部门。

预算责任主体在全面预算管理委员会及其工作机构的指导下，组织开展本公司、本部门的全面预算编制工作，严格执行批准下达的预算。各预算责任主体负责人对本责任主体的预算执行结果负责。每个责任主体设置预算专员，负责本责任主体全面预算管理的相关工作。其主要职责有：

(1)提供编制预算的各项基础资料。

(2)负责本公司、本部门全面预算的编制和上报工作。

(3)将预算指标层层分解，落实到各环节和各岗位。

(4)在预算执行过程中，监督和检查预算执行情况。

(5)及时分析、报告预算执行情况，解决预算执行中出现的问题。

(6)根据内外部环境变化及预算管理制度，上报预算调整申请。

(7)组织实施责任主体内部的预算考核和奖惩工作。

(8)配合预算管理办公室做好总预算的综合平衡、执行监控、考核奖惩等工作。

(9)执行预算管理办公室下达的其他预算管理任务。

第三节　全面预算管理的业务流程和内容体系

一、全面预算管理的业务流程

全面预算管理的业务流程包括预算编制、预算执行和预算考核三个阶段。

(1)预算编制阶段主要包括预算上报、预算审批、预算下达三个具体环节。

(2)预算执行阶段主要包括预算指标分解和责任落实、预算执行控制、预算分析、预算调整等具体环节。

(3)预算考核阶段主要是将日常预算管理工作纳入考核范围,对预算编制、审批、执行、分析、调整等工作进行考核。

二、全面预算管理的内容体系

全面预算管理的内容体系包括经营预算、投资预算、融资预算和财务预算四大类。

(1)经营预算是指日常经营活动方面的预算,主要包括收入预算、成本预算、费用预算等。

(2)投资预算是指在未来一定时期内投资活动的详细计划,主要包括固定资产的购建、对外股权债权投资、基建项目投资、无形资产投资、固定资产大修与改良以及预计取得的投资收益(损失)等。

(3)融资预算是指在未来一定时期内一系列经营、投资、融资等经济活动产生的财务现金收付的详细计划,是在经营预算和投资预算的基础上编制的。融资预算主要包括现金收入预算、现金支付预算、筹资措施预算等。融资预算中的现金包含库存现金、银行存款、可随时变现的有价证券等。

(4)财务预算是指在未来一定时期内预计的财务状况、经营成果及现金收支情况等价值指标的综合说明,包括预计资产负债表、预计利润表、预计现金流量表。

第四节　全面预算管理编制

一、全面预算管理编制要求

全面预算管理编制有以下要求:

(1)预算按年度编制,并分解至季度或月份。

(2)预算按照“上下结合、分级编制、逐级汇总”的方式编制,编制原则是“谁使用、谁编制、谁管理、谁负责”。

(3)公司一般在每年10月末前向公司各部门下发下一年度预算编制的原则和要求,并启动下一年度的预算编制工作。

(4)预算编制应依据充分、逻辑清晰、测算合理、附件齐全。在上报公司预算管理办公室前,各预算责任主体负责人应召集相关部门进行充分讨论,重大事项需经公司董事会审议通过。预算方案依据不充分、附件不全的,且未按要求整改的,不予审核通过。

二、全面预算管理编制程序

全面预算管理编制程序如下：

(1)各预算责任主体根据年度工作目标编制本主体预算方案初稿。

(2)各预算责任主体编制完成预算表后，有归口管理的预算，应与归口管理部门进行充分沟通，编制完成后交由公司预算管理办公室审核。

(3)预算管理办公室对各预算责任主体提交的预算进行汇总和初步平衡后，提交本公司全面预算管理委员会。

(4)全面预算管理委员会审核预算初稿，平衡后发还相关部门和项目公司(指为修建某公路项目而成立的建设管理单位)对原方案进行修正完善。

(5)公司下一年度的预算建议方案应于 12 月底前上报全面预算管理委员会审查。

(6)全面预算管理委员会对修正后的预算初稿重新审核通过后，提出审查意见并将预算上报公司董事会审批，通过后按流程报上级单位审批。

(7)全面预算管理委员会根据上级单位正式下达的预算方案分解给公司各部门和子公司。

三、全面预算管理编制依据

全面预算管理编制依据如下：

(1)预算在经营目标和计划的基础上以投资计划及收入预测为起点，各预算责任主体可以根据实际情况和部门职责，以其他预算类别为起点。

(2)经营预算应以收入预算为基础，相关责任主体在编制收入预算时应充分考虑以下因素：前 3 年的车流量情况以及国家政策性影响、季节性影响、合同执行进展情况等。成本预算和费用预算要充分考虑收入预算情况，以收定支，原则上成本和费用的增长幅度不得超过收入的增长幅度。

(3)投资预算应在投资计划和预算目标的基础上编制。投资预算编制时应分项目编制，单独反映各个投资项目对年度经营的影响。

(4)融资预算应在经营预算和投资预算的基础上编制。

(5)财务预算应在经营预算、投资预算和融资预算的基础上编制。

四、全面预算管理编制方法

全面预算管理编制方法如下：

(1)根据预算项目和经济业务活动的紧密程度，对不同的预算项目应采取不同的全面预算管理编制方法。全面预算管理编制方法主要包括固定预算、弹性预算、零基预算、增量预算和滚动预算，各公司应综合运用上述方法。

(2)预算编制需全员参与，分部门编制、层层汇总；业务预算由归口的业务部门编制，部门经费由各部门编制；各部门编制各自费用预算后，报公司预算管理办公室汇总平衡。

（3）各预算责任主体应根据公司所属建设期严格按照上级单位制定的费用预算定额标准进行相关预算项目的编制，无定额标准的应结合行业或市场实际情况合理编制。

①建设期分为四类：筹备期、在建期、收尾期、运营期。

筹备期是指项目从筹备组建起至土建招标开标之日止的时间段；分段开工的项目按照实际开标日期分段计算，要求开工率达到20%（开工率＝开工里程/建设总里程）。

在建期是指项目从土建招标开标次日至项目通车后6个月内的时间段。

收尾期是指项目从通车后6个月结束之日起至竣工验收后2个月内的时间段。

运营期是指项目从竣工验收后2个月结束之日起至公路收费权被终止之日止的时间段。

②定额费用包括：办公费、差旅费、业务接待费、劳保费、车辆使用费。

③运营期项目：参照经营类公司定额标准编制利润预算表。

五、全面预算管理编制的主要内容

（1）项目公司成本费用预算表（表1-1）为项目建设单位管理费预算明细表，主要为人工成本支出、折旧摊销支出以及行政类经费支出。为方便表述，下文将广西交通投资集团有限公司简称为集团公司，将广西高速公路投资有限公司简称为高投公司。

项目公司成本费用预算表 表1-1

编制单位：						单位：万元
项目	本年				上年	
	预算上报数	高投公司审核数	集团公司审核数	上报与审核差异数	预算批复数	预算执行数
办公费						
办公费定额						
办公费专项						
差旅费						
差旅费定额						
差旅费专项						
车辆使用费						
车辆使用费定额						
车辆使用费专项						
业务招待费						
业务接待费定额						
业务接待费专项						
修理费						

续上表

项目	本年				上年	
	预算上报数	高投公司审核数	集团公司审核数	上报与审核差异数	预算批复数	预算执行数
会议费						
劳保费						
劳务费						
安全生产经费						
租金及物业费						
广告宣传费						
诉讼费						
装修费						
印花税						
代建协议服务费						
保险费						
人身意外险						
其他保险						
中介机构服务费						
法律咨询服务费						
审计咨询服务费						
股权投资咨询费						
资产评估费						
土地评估费用						
年报审计费						
税务咨询服务费						
专家咨询评审费						
其他中介机构服务费						
固定资产折旧费						
使用权资产折旧费						
低值易耗品摊销						
无形资产摊销						
其他折旧摊销						
折旧摊销合计						
其他						
不可预见开支						
办公类经费合计						

①人工成本支出预算主要为在职人员经费、劳务派遣费用以及劳务外包费用等。在职人员经费支出以上级单位人力资源部年终实际核定为准。

②折旧摊销支出预算应根据现有固定资产的折旧情况、无形资产的摊销情况以及固定资产、无形资产的购置预算进行测算。

③行政类经费支出应严格根据上级单位制定的费用预算定额标准进行相关预算项目的编制,无定额标准的应结合行业或市场实际情况合理编制。

(2)公路项目投资预算明细表(表1-2)包括投资预算额、结算预算额,各公司需根据项目进度以及形象投资总额、财务投资总额编制全年形象进度预算及财务结算投资预算。

公路项目投资预算明细表

表1-2

编制单位:						单位:万元
项目	总概算金额	上年末累计	预算上报数	本年末累计	预算审核数	上报与审核差异数
建筑安装工程费						
临时工程						
路基工程						
路面工程						
桥梁涵洞工程						
隧道工程						
交叉工程						
交通工程及沿线设施						
绿化及环境保护工程						
其他工程						
专项费用						
土地征用及征迁补偿费						
土地使用费						
征迁补偿费						
其他补偿费						
水土保持补偿费						
工程建设其他费用						
建设项目管理费						
建设单位(业主)管理费						
建设项目信息化费						
工程监理费						
设计文件审查费						
竣(交)工验收试验检测费						

续上表

项目	总概算金额	上年末累计	预算上报数	本年末累计	预算审核数	上报与审核差异数
研究试验费						
建设项目前期工作费						
专项评价(估)费						
联合试运转费						
生产准备费						
工程保通管理费						
工程保险费						
其他相关费用						
预备费						
基本预备费						
价差预备费						
建设期贷款利息						
合计						

(3)公司各部门对现有固定资产的技术状况、维修与购置的经济性、拟购置资产规格型号和金额等进行考察分析,结合公司固定资产的配置标准和更新条件要求,根据需要编制详细的资产购置计划,固定资产和无形资产购建应在附件中填报购建理由。按要求填报固定资产申购明细表(表1-3)和无形资产申购明细表(表1-4)。

固定资产申购明细表 表1-3

填表说明:1. 申报原因仅能在以下四个原因中选填:①因待报废而更换;②因无法满足工作需求而新增、更换;③因增加职工而新增(含借调);④因新业务而新增。
2. 用途:应包含用于什么业务、什么地点。
3. "是否上年已申报未采购"项只能填"是"或者"否"。

编制单位: 单位:万元

项目			申报情况									审核情况							
序号	上报单位	固定资产明细	单位	规格型号	单价	数量	预算上报数	用途	申报原因	是否上年已申报未采购	使用部门	审核单价	审核数量	集团公司业务部门审核数	审核单价	审核数量	集团公司办公室审核数	上报与审核差异数	审核意见
		房屋建筑物																	
		……																	

续上表

项目			申报情况									审核情况							
序号	上报单位	固定资产明细	单位	规格型号	单价	数量	预算上报数	用途	申报原因	是否上年已申报未采购	使用部门	审核单价	审核数量	集团公司业务部门审核数	审核单价	审核数量	集团公司办公室审核数	上报与审核差异数	审核意见
		公路及构筑物																	
		……																	
		机器设备																	
		……																	
		运输工具																	
		……																	
		电子设备																	
		……																	
		办公设备																	
		……																	
		……																	
		家具																	
		……																	
		铁路运输专用设备																	
		……																	
		其他类固定资产																	
		合计																	

无形资产申购明细表

表 1-4

编制单位:												单位:万元
项目			申报情况					审核情况				
序号	上报单位	无形资产明细	单位	单价	数量	预算上报数	申报说明	审核单价	审核数量	预算审核数	上报与审核差异数	审核意见
		特许经营权										
		公路土地使用权										

续上表

项目			申报情况					审核情况				
序号	上报单位	无形资产明细	单位	单价	数量	预算上报数	申报说明	审核单价	审核数量	预算审核数	上报与审核差异数	审核意见
		土地使用权										
		软件										
		探矿权										
		采矿权										
		商标权										
		著作权										
		专利权										
		网站										
		合计										

(4)项目公司专项预算汇总表(表1-5)为项目公司专项预算的汇总,非预算表中的预算科目的预算开支应当列入专项费用进行说明。

项目公司专项预算汇总表 表1-5

编制单位:							单位:万元
预算科目	专项明细	预算上报数	申报说明	高投公司审核数	集团公司审核数	上报与审核差异数	审核意见
差旅费专项	差旅费专项						
	……						
车辆使用费专项	车辆使用费专项						
	老旧车辆大修费						
其他	其他						
	防疫物资、防害费用						
办公费专项	办公费专项						
	……						
业务接待费专项	业务接待费专项						
	……						

(5)财务投资预算表(表1-6)应包含固定资产投资、对外投资、无形资产投资、在建工程投资(公路、铁路投资)等。

财务投资预算表

表1-6

编制单位：				单位：万元
项目	本年		上年	
	预算上报数	预算审核数	预算批复数	预算执行数
固定资产投资				
房屋建筑物				
公路及构筑物				
机器设备				
运输工具				
电子设备				
办公设备				
家具				
铁路运输专用设备				
其他类固定资产				
对外投资				
交易性金融资产				
债权投资				
其他债权投资				
长期股权投资				
其他权益工具投资				
无形资产投资				
特许经营权				
公路土地使用权				
土地使用权				
软件				
探矿权				
采矿权				
商标权				
著作权				
专利权				
网站				
在建工程投资（公路、铁路投资）				
在建工程投资（不含公路、铁路投资）				
房地产开发成本（加自建房屋建筑物投资预算）				
对内股权投资				
合计				
在建工程转固定资产				
以资抵债				

(6)税费预算表(表1-7)应结合项目进度、合同签订、人员编制、税务筹划等情况测算。

税费预算表

表1-7

编制单位：　　单位:万元

项目	本年							上年	
	期初	预计应交	预算审核数	预计实缴	期末	计入利润表的税金及附加	预算审核数	1—12月实际缴纳	计入利润表的税金及附加
增值税									
企业所得税									
个人所得税									
城市维护建设税									
教育费附加									
地方教育附加									
房产税									
土地使用税									
土地增值税									
水利建设基金									
价格调节基金									
消费税									
车船税									
资源税									
矿产资源补偿费									
印花税									
契税									
关税									
环境保护税									
文化事业建设费									
耕地占用税									
车辆购置税									
其他税费									
合计									

(7)带息负债预算表(表1-8)应根据上年建设项目资金余额、预算年度投资预算情况、年度需付现额、权益资金与债务资金流入预算及其他特殊影响因素进行测算。

带息负债预算表 表 1-8

编制单位： 单位：万元

项目	序号	本金				利息					项目	序号	本年金额	上年金额
		年初余额	本年增加	本年减少	期末余额	年初应计利息	本年应计利息	本期支付	转出至应付利息	年末应计利息				
行次	一	1	2	3	4	5	6	7	8	9	行次	二	10	11
报表项目	1										一、利息支出情况	42		
一、带息流动负债合计	2										利息支出总额(计提口径)	42		
(一)短期借款	3										其中：利息资本化金额(计提口径)	42		
其中：银行借款	4										二、带息负债融资成本率(%)	42		
非银行金融机构借款	5										三、永续债、优先股发行情况	42		
向财务公司借款	6										(一)已发行永续债	42		
(二)应付票据	7										其中：计入负债的永续债	42		
银行汇票	8										(二)已发行优先股	42		
财务公司票据	9										其中：计入负债的优先股	42		
商业汇票	10										(三)计入未分配利润的永续债利息	42		
(三)一年内到期的非流动负债	11										四、发债情况(由集团公司填列)	42		
其中：一年内到期的长期借款	12										(一)境外发行外币债券总额(以人民币填列)	42		
其中：向财务公司借款	13										(二)境外发行人民币债券总额	42		
一年内到期的应付债券	14													

续上表

项目	序号	本金				利息					项目	序号	本年金额	上年金额
		年初余额	本年增加	本年减少	期末余额	年初应计利息	本年应计利息	本期支付	转出至应付利息	年末应计利息				
一年内到期的融资租赁款	15													
☆一年内到期的租赁负债	16													
一年内到期的长期应付款	17													
其中：结算中心	18													
☆（四）交易性金融负债	19													
（五）以公允价值计量且其变动计入当期损益的金融负债	20													
（六）其他应付款	21													
其中：结算中心	22													
（七）其他带息流动负债	23													
其中：短期融资券（含超短期融资券）	24													
其他	25													
二、带息非流动负债合计	26													
（一）长期借款	27													
其中：银行借款	28													
非银行金融机构借款	29													

续上表

项目	序号	本金				利息					项目	序号	本年金额	上年金额
		年初余额	本年增加	本年减少	期末余额	年初应计利息	本年应计利息	本期支付	转出至应付利息	年末应计利息				
向财务公司借款	30													
(二)应付债券	31													
其中:中期票据	32													
企业债券	33													
公司债券	34													
(三)长期应付款	35													
其中:结算中心	36													
(四)其他带息非流动负债	37													
其中:融资租赁款	38													
☆租赁负债	39													
带息负债合计	40													
专项债作为资本金	41													

填报说明:1. 所有利息计提均需要通过"本年应计利息"。

2. 根据《企业会计准则第22号——金融工具确认和计量》(财会〔2017〕7号)、《财政部关于修订印发2019年度一般企业财务报表格式的通知》(财会〔2019〕6号)做如下要求:子公司计提尚未到付息日的借款利息,利息应通过与本金相同的一级科目核算,计入"应计利息"明细科目;已到付息日但尚未支付的利息,在一级科目"应付利息"核算,应收利息同理。涉及非流动项目的,还应当按照《企业会计准则第30号——财务报表列报》(财会〔2014〕7号)关于流动性列示的要求,将付息日距资产负债表日在一年内的利息重分类至"一年内到期的非流动负债"或"一年内到期的非流动资产"。

3. 根据《企业会计准则解释第15号》(财会〔2021〕35号),子公司从集团公司、结算中心取得借款,根据借款期限长短在"其他应付款—本金""长期应付款—资金集中贷款—本金"中核算借款本金;在"其他应付款—应计利息""长期应付款—资金集中贷款—应计利息"核算计提的借款利息。"其他应付款—本金"填在本表其他应付款中,利息同理。

4. 根据《企业会计准则解释第15号》(财会〔2021〕35号),子公司从财务公司取得借款,根据借款期限长短在"短期借款—本金""长期借款—本金"中核算借款本金;在"短期借款—应计利息""长期借款—应计利息"中核算计提的借款利息。

5. 专项债作为资本金,不属于带息负债范畴,但是由于专项债作为资本金利息需要计入在建工程成本,故在此填报。

(8)预算编制说明。预算编制说明是预算文件的重要组成部分。预算编制说明主要对本单位的基本概况、业务预算、投融资预算、财务预算以及其他事项进行说明。预算编制说明框架(模板)如下:

××公司××年预算编制说明

第一部分　概　　况

简要说明公司的成立日期、经营范围、主营业务、纳入预算范围内的单位数、与上年度相比重大经营及组织结构变化等。

第二部分　预算编制的依据和原则

总体说明预算编制的依据和原则,在分项预算时,可对预算依据及原则进行补充和细分。

第三部分　预 算 范 围

一、经济实体范围(各公司根据自己的实际情况而定)

二、预算人数范围(各公司根据自己的实际情况而定)

三、车辆预算范围(各公司根据自己的实际情况而定,对不同类型的车辆进行区分,以便费用预算时不同费用的归集)

第四部分　建设单位管理费用预算编制说明

建设单位管理费用预算编制说明需按人工成本预算支出、折旧摊销预算支出、行政经费预算支出进行分类,需要列明具体的编制依据及标准。

第五部分　项目投资预算说明

项目投资预算应简要说明项目性质、开工时间、预计完工时间、目前的进度情况、预计下一年度的完成进度,对关键性工程应简要说明进度,并要总体表述下一年度工程投资目标和财务结算目标。

对于财务结算目标的预算说明,要结合相关投资预算表中的填列情况,主要反映结算进度、资金支付情况和预付款扣款情况。

对于利息支出,应反映支出总额、利息支出和利息收入,要分内部借款和外部借款进行说明。

第六部分　固定资产预算说明

固定资产预算包括外购的固定资产和年度内能转为固定资产的其他资本性支出。预算说明应注意:对于固定资产预算项目较多的,应列表说明,应当列明类别、名称、型号、单价、数额、金额等内容。

(9)预算报表包含资产负债表、利润表、现金流量表、所有者权益变动表等内容,预算报表需根据上述预算编制的年度资产负债情况、利润状况和现金流状况进行编制。

六、预算预备费

预算预备费是各预算责任主体在编制全面预算时,预备的不规定具体用途、用于应急抢险和自然灾害等突发事件和其他难以预见的开支。

(一)预算预备费的计提基数

经营类公司预算预备费的计提基数为销售费用和管理费用的总额,不含职工薪酬和折旧摊销等;项目公司预算预备费的计提基数为建设单位管理费,不含职工薪酬和折旧摊销等。

(二)预算预备费的比例

各预算责任主体根据实际情况确定计提预算预备费的比例,一般来说,预算预备费控制在3%以内。预算预备费的上限提留比例按照上级单位下达的标准调整。

(三)预算预备费的使用

预算预备费经预算责任主体提出申请,由公司预算管理办公室召开预算联审会议审查批准并上报上级单位审批通过后,方可动用。预算预备费不足支出的,可申请调整预算。

第五节　全面预算管理的执行

各预算责任主体是全面预算的执行机构。预算责任部门的负责人是预算责任部门预算执行的直接负责人,分管领导对其负责的责任部门预算执行负有主要责任,公司的负责人对本公司的预算执行负有最终责任。

一、全面预算管理执行程序

(1)季(月)初,预算管理办公室根据预算和预算执行进度给各部门下达预算指标,预算指导业务部门执行本期业务计划。

(2)季(月)期间,预算管理办公室根据下达的预算指标对各业务部门的日常业务进行监督和审核,保障预算目标的实现。

(3)季(月)末,预算管理办公室根据预算考核依据对本月预算实现情况进行评价调整,及时反馈给经营管理层和全面预算管理委员会,指导下一个期间的预算计划。

二、全面预算管理的执行控制

(一)全面预算管理的控制层级

(1)一级控制:预算执行部门自控,由各部门负责人负责具体业务预算标准的执行、监督和控制,严格控制开支,努力达到或超过收入、利润目标。

(2)二级控制:财务部门审核控制,由财务部门的预算管理岗位依据预算标准对预算执行部门的各种经济行为实施事中审核,确保预算执行部门在预算标准框架下运营。

(3)三级控制:高层审批控制,由董事会和全面预算管理委员会对各预算执行责任主体和部门的预算外部分进行审批控制。

(二)全面预算管理的监督

(1)内部审计部门通过不定期抽查的方式对预算执行情况和预算体系的有效性进行监督和审计。

(2)公司应建立预算执行电子台账,对预算进行动态管理,实时监控预算执行情况。

(三)全面预算管理的执行

(1)各预算责任主体应严格按照上级单位下达的预算执行,若无上级单位审批,预算外部分不得开支。预算外项目是指由于责任部门预算控制不善或计划性不强等自身管理原因,需要突破预算金额(不包括预算调整批复的项目)的项目。

(2)各预算责任主体的预算支出应当按照预算科目执行,严格控制不同预算科目或者项目间的预算资金的调剂,确需调剂使用的,按照预算调整规定执行,上报上级单位审批。

(3)公司各部门应严格按照公司分解下达的预算标准执行。公司根据上级单位下达的预算标准对公司各部门实行分解包干制度,按照各部门人员数量、业务范围对各项费用进行切块,由各部门内部掌握使用,若部门年度切块预算超支,超支部分不再核报支付,由超支部门自行解决。

三、全面预算管理分析

各责任主体应每季度结合业务开展情况对预算进行总结分析,确定下期工作重点。同时,将本部门预算执行情况总结反馈至财务部门。财务部门应每季分部门编制预算执行表,比较实际与预算目标的差异,并作出差异分析,作为预算管理机构检查和考评预算执行情况的依据。预算管理办公室汇总上述资料和报表,编制公司整体预算执行情况表,上报全面预算管理委员会。

(一)全面预算管理分析的主要内容

(1)公司预算的执行情况及存在的问题。

(2)公司经营方针、经营策略、增收节支措施对损益性预算的影响。

(3)公司的投融资方案对资本性收支预算的影响。

(4)公司外部经济环境变化对公司预算的影响。

(5)公司的融资风险、偿债能力和公司财务状况的趋势分析。

(6)公司的现金流动性状况。

(7)影响预算完成的其他因素分析。

(8)预防预算执行偏差的措施。

(9)全年预算完成情况的预测。

(二)全面预算管理的其他分析

各责任主体也可根据管理需要和特殊情况对预算执行进行不定期分析和专题分析,对于预算执行中发现的重大问题,要及时提交预算管理委员会决策。

四、全面预算管理的调整

预算一经批准,在公司内部就具有强制约束力,必须严格执行,不得随意变更和调整。预算调整要坚持预算刚性但不僵化的原则。在保证公司年度经营目标不变的情况下,公司全面预算管理委员会对预算项目的内部调整具有决定权,公司董事会对预算项目的重大调整具有决定权。

(一)全面预算管理的调整分类

预算调整按其对年度预算目标调整的重要性可分为一般性调整和重大调整。

(1)一般性调整。在预算执行过程中,各责任部门以原来的预算为基础,结合预算执行进度和外部环境的变化,在不影响年度预算目标的前提下,对预算执行进度、责任主体或个别预算项目内部进行调整。

(2)重大调整。在预算执行过程中,因预算制定时无法预见的重大外部环境改变或发生重大业务调整,各责任部门按照实际情况的变化对年度预算目标进行增减。

(二)全面预算管理的调整条件

年度预算目标原则上不允许调整,如确需调整,需满足以下具体条件之一:

(1)因上级单位或公司董事会调整发展战略,重新制订公司经营计划。

(2)公司董事会或总经理办公会决定向上级单位申请追加或缩减任务。

(3)市场形势发生重大变化,需要调整目标。

(4)国家政策发生重大变化。

(5)生产经营条件发生重大变化。

(6)发生不可抗力事件。

上文所称的重大变化是指公司根据目前发生改变的内外部条件,通过分析后,预计产生的结果与年度预算目标差异在20%以上的变化。

上文所称的不可抗力是指不能预见、不能避免并且不能克服的客观情况，包括自然灾害（台风、地震、洪水、冰雹等）、政府行为（征收、征用等）以及社会异常事件（罢工、骚乱等）。

（三）全面预算管理的调整方法

全面预算管理的调整方法分为由上至下的预算调整和由下而上的预算调整。

（1）由上至下的预算调整。当企业内外部环境发生变化且具备长期的稳定趋势，有明确证据表明预算目标和现时情况存在重大差异时，由上级单位在预算年度内直接进行公司经营目标的调整，并下达正式的预算调整要求和调整方案。

（2）由下而上的预算调整。在预算执行过程中，由于企业内外部环境发生明显变化，符合上述预算调整条件时，公司预算管理委员会可以向上级单位提出预算调整申请。

（四）全面预算管理调整的内容

（1）导致无法实现预算目标的原因，并附上相关材料（如市场价格变动情况说明、相关政策变化情况说明、变更后的经营投资计划、需下达的追加或缩减任务、项目可行性报告等）。

（2）已经采取的其他弥补或挽救措施及效果。

（3）调整的具体内容。

（4）调整后的预算目标和方案。

（五）全面预算管理调整的程序

（1）由预算责任主体提出预算调整申请，上报公司预算管理办公室。

（2）预算管理办公室授权业务归口部门进行调查。

（3）预算管理办公室根据调查意见审核调整申请，上报公司全面预算管理委员会审议。

（4）公司全面预算管理委员会对调整申请进行审议并上报公司董事会审批，通过后再报上级单位审批。

（5）待上级单位下达预算调整批复后，公司预算管理办公室按调整批复执行。

（六）全面预算管理调整的时间

全面预算管理调整的时间原则上为每年7月1日至9月30日，其他时间不调整。有特殊情况的，经上级单位同意后方可调整。

第六节　全面预算管理的考评

一、全面预算管理考评的原则

（1）可控性原则。各责任主体以其责权范围为限，仅对其可控制的预算差异负责。

(2)风险收益对等原则。

(3)分级考评原则。

(4)公平公开原则。

(5)业绩与奖惩挂钩原则。

二、全面预算管理考评的分类

全面预算管理考评分为过程考评和综合考评。其中,过程考评是指年度预算执行过程中的监控和预算预警,综合考评是指年度整体预算完成情况的评价。

三、全面预算管理的考核指标

经营类公司的全面预算管理重点考核指标为营业收入、成本费用、利润总额、固定资产和无形资产。项目公司的全面预算管理重点考核指标为财务投资额、建设单位管理费、固定资产和无形资产。按照经营业绩考核办法,每年进行 1 ~2 次考核。

除上述考核指标之外,全面预算管理考评的其他内容和指标由预算管理办公室授权考核主管部门制定后报预算管理委员会审核,审核通过后报上级单位董事会审议批准后下达。

预算考核结果纳入各部门、公司年度绩效考核范围,与各部门、公司和员工个人的绩效挂钩,对不履行审批手续发生的预算外开支,要追究有关部门、公司和当事人的责任。

第二章 资金管理

第一节　资金管理概述

一、资金管理的意义

项目建设资金管理贯穿整个项目工程建设。建设单位对项目建设资金来源及使用进行计划、控制和监督，保证项目建设的资金需求，提高资金使用效率，对节约资金成本有着重要的意义。

二、资金管理的原则

（一）合法合规原则

项目公司必须遵守《中华人民共和国会计法》《中华人民共和国招标投标法》《国有建设单位会计制度》《基本建设财务规则》《会计基础工作规范》以及相关的财经法规、财会制度，加强财务管理与会计核算工作，严格实施财会监督。

（二）服务集团公司战略原则

项目公司资金管理必须服从集团公司发展战略和整体资金管理，设置资金管理岗位，定期向上级单位报送项目资金需求及资金使用情况，配合上级单位做好公路融资管理工作，保障项目资金需求。

（三）合同管理、监督控制原则

合同是拨付工程建设资金的依据，项目公司必须与承包单位签订工程建设合同。财务人员必须严格按合同条款收付工程建设资金，不允许对无合同的资金进行收付。项目公司在资金使用的全过程接受上级单位的监督检查。项目公司对各征地拆迁分指挥部、监理单位、承包人使用建设资金的全过程进行监督检查。

（四）集中管理、专款专用原则

各项目按照财务公司的要求对资金进行集中管理和结算支付，做好大额资金头寸报送工作,保障资金调拨运行。各项目应建立健全工程建设资金监督管理制度,确保建设资金安全、合理和有效使用。工程建设资金必须用于经批准的建设项目,并按集团公司批复的用款计划使用,项目公司不得预拨或迟拨工程建设资金,财政专项补助资金必须用于支付工程款或专项款项。项目公司必须要求承包单位将收到的工程建设资金专款用于本工程项目,严禁承包单位私自截留、挤占和挪用建设资金。

(五)收支两条线、专户专账管理原则

项目公司必须按集团公司的要求在其指导下设立外部账户和内部账户,实行收支两条线,银行账户原则上必须纳入财务公司系统监管。实行专户储存,建设资金由一个账户进出。有财政专项补助资金的项目还需设立专项资金核算专户,且财政专项补助资金必须按照国家对财政专项资金的有关管理规定设立专账核算。为保证资金划转方便,及时掌握和检查承包单位资金流向,项目公司应要求承包单位原则上在相同银行的网点开设银行账户,并书面上报备案,同时授权项目公司财务部门网上查询资金使用情况。

(六)统筹计划、成本效益原则

资金计划管理是资金集中管理的重要手段,是全面预算管理与资金结算管理的有机结合。项目公司应根据项目进度资金需求向上级单位报送资金使用计划,提交资金计划执行情况,并附上书面说明。项目建设资金的筹集、调度及支付实行规范化管理,厉行节约,防止损失浪费,降低工程成本,提高资金使用效益。

三、资金来源

项目建设资金来源已向多元化发展,主要包括政府投资、银行贷款、企业自筹资金、社会融资等。

(1)政府投资:主要包括国家预算资金、地方财政资金、中央(地方)政府专项资金、车辆购置税补助以及其他政府性财政专项用于项目建设的资金等。

(2)银行贷款:主要包括国内商业银行、非银行金融机构、外资银行、银团贷款等。

(3)企业自筹资金:主要包括企业自身经营利润,以及通过发行股票、债券、票据等方式取得的资金。

(4)社会融资:通过股份制、签订融资合作协议、BOT(建设-经营-转让)融资和BT(建设-移交)融资等融资方式取得的建设资金。

项目建设资金根据投入主体不同,可以分为集团公司投入资金、合作方投入资金、银团贷款投入资金、地方政府投入资金。集团公司投入资金包括银行信贷资金、财政专项资金、私募资金、中期票据、企业债券资金等;合作方投入资金是指合作方按融资合作协议规定投入项目的资金;银团贷款投入资金是指项目公司与银团签订借款协议,集团公司担保,银行投入的资金;地方政府投入资金是指在实行区市共建的项目中,需由当地政府筹集并投入项目建设的资金。

项目建设资金根据资金性质可以分为集团公司自筹资金、国内外银行贷款资金、车辆购置税补助资金、中央新增预算内资金、国债资金、地方财政性资金等。其中,车辆购置税补助资金、中央新增预算内资金、国债资金、地方财政性资金等财政专项资金必须按照国家有关管理规定设立专账核算。

第二节　资金管理的内容

一、资金内控管理

(1)项目公司应建立健全资金管理制度、财务管理制度、内控管理制度,配备相应财务人员,严格执行基本建设程序,保证资金安全、合理、有效使用。

(2)项目公司应执行建设资金专款专用、专户存储的管理规定,制定科学的审批流程和手续,不得擅自改变建设项目、扩大建设规模。

(3)项目公司应严格按概预算管理及合同条款的有关规定拨付工程进度款、设计费、监理费、征地拆迁款及建设单位管理费用等,扣留质量保证金、劳务人员工资保证金、后续服务费和其他保证金需按合同规定执行。各类保证金保函应设专人管理,建立保函登记台账,及时更新台账信息,确保保函担保期限的有效性与工程进度实际情况相匹配。

(4)项目公司支付的征地拆迁费用,采取先结算后支付的方式,原则上不进行预付,如确需预付,应不得超过征地拆迁协议总金额的20%。

二、项目筹融资管理

项目公司应协助集团公司做好融资管理工作,根据集团公司投资和经营计划筹集资金进行动态管理。

(1)项目公司可利用自身资源、信用对外筹融资,包括贷款、票据、保函、信用证、担保、招商引资、专项资金以及资本市场直接融资等方式。

(2)项目公司根据自身资金需求编制本公司年度筹融资计划,经本公司党委会、董事会审议通过后逐级上报集团公司。

(3)项目公司筹融资工作受集团公司的管理和指导。项目公司向外融资时,需将融资的途径、用途、成本、还款来源等材料经集团公司审核后报月度资金调度会审议,应尽可能取得最利于集团公司的融资条件,未经批准不得擅自对外融资,未经批准各下属单位之间禁止借贷资金。

(4)各项目通过各种筹融资渠道所获得的资金,应依据筹融资时规定的资金用途使用,不得随意挪用和拆借。

(5)筹集到位的各类专项资金,如车辆购置税补助资金、专项债券和其他财政资金等,按主管部门规章制度严格管理,不得擅自改变用途。

(6)直接融资、间接融资的具体流程和后续管理,除按集团公司规定外,还需遵循市场主管机构的相关规定。

(7)项目公司应积极争取和扩大各类集团外部单位的授信,保持各类融资渠道畅通,保障资金安全,防范流动性风险。项目公司内部单位授信接受财务公司管理。

(8)项目公司对外筹融资及开展业务时应优先使用自身的信用开展业务,如需集团公司或其他下属单位提供相应担保,应提前向集团公司请示。同时,项目公司未经集团公司批准,严禁进行对外担保、超股比担保、境外担保。

三、银行账户、票据及印章管理

(一)银行账户管理

(1)项目公司账户开立。除在银行开立基本账户和根据工作需要开立的临时账户外,不得开立其他账户。项目公司可以选定金融机构开立一个基本账户,经集团公司批准,项目公司可在项目建设管理机构所在地开立临时账户,用于日常开支;项目公司需在贷款机构开立贷款专户、资本金专户,如有财政专项资金,还需开立财政专项资金专户;项目公司视业务情况需在集团公司资金结算中心、财务公司开设若干专用户,用于办理工程建设资金现金存储和结算业务。

(2)项目公司账户监管。项目公司银行账户原则上必须纳入财务公司系统监管,对于未纳入财务公司系统监管的账户,应授权财务公司查询,所有开支原则上应从财务公司账户支出(经费类除外),并根据资金实际情况及时做好资金调拨。项目公司须在一个月内完成账户开立,做好账户授权工作,并在系统进行登记或备案。

(3)项目公司网银管理。项目公司开通网上银行必须经单位财务部门负责人和分管财务领导审批后办理。网银提单人员、网银审核人员必须严格保管好自己的 USB Key 与密码,并定期更新密码。项目公司网银支付必须严格执行工作流程,严禁一人同时负责提单与审核工作,严禁不同的操作人员在同一台计算机上进行操作。网银付款不成功,并确认资金仍在本单位银行账户的情况下,网银提单人员和网银审核人员经本单位财务部门负责人审批签字后,方可重新操作。网银提单人员和网银审核人员因事出差或者请假时,应办理交接事宜。

(4)承包人开户与存储管理。承包人必须在项目公司指定的银行开设两个银行账户,其中一个结算账户为劳务人员工资发放专用账户,用于兑付和发放劳务人员工资,不得用于其他用途;另外一个为工程结算账户,专用于在合同执行期间工程施工的各项支出。未经核准开立银行账户的,项目公司将不予拨付款项。承包人开设银行账户后,应及时书面告知项目公司,明确该账户为合同双方资金往来的账户。承包人申请撤销账户,需向项目公司提出书面申请。承包人的账户只能办理与本工程建设有关的业务,不得出租或转让。

(5)征地拆迁分指挥部开户与存储管理。征地拆迁补偿费必须分户存储,专款专用。为了便于协调和管理各地区征地拆迁管理机构,项目公司要求各征地拆迁管理机构开立两个专用存款账户,其中一个用于存放和支付本项目建设征地拆迁专项补偿资金,另一个用于存放和支付管理工作经费及其他开支。为保证征地拆迁补偿费专款专用,两个账户的资金不得被相互调剂使用。同时,各征地拆迁管理机构不得对外出借、出租本单位的银行存款账户。

(二)票据管理

项目公司票据业务必须基于真实交易关系或债权债务关系,履行审批和登记手续,不得开具与实际经济业务不相符的票据。纸质票据在填写过程中如出现错误,不得撕毁,必须保持票据完整且加盖作废章。作废的纸质票据应妥善保管,并按规定程序销毁。从外部单位获得因经营活动而开具的银行票据,必须审查票据的真实性、票据形式的合规性。项目公司必须建立银行票据台账,台账内容反映银行票据购入、开具、领用、背书转让、贴现和承兑等情况。

(1)纸质票据管理。纸质票据应妥善保管,必须存放于指定的保险柜。会计会同出纳每季度至少查验一次库存空白票据,并做好查验记录,做到保管严格、台账清晰。纸质票据的银行预留印鉴必须随用随盖,不得预先在票据上盖章,不准开具印鉴不全、与银行预留印鉴不符的票据,不得开具空白票据、空头票据和远期票据。纸质票据保管人应于每月末核销已用银行票据票号,同时在纸质票据登记簿上做好记录。

(2)电子票据管理。项目公司开通电子票据业务,必须报财务公司、集团公司财务部审核批准。电子票据权限设置要严格执行“支付(或收取)—审核—复核”的审批流程,严禁一个岗位承担两个或者两个以上的职能。项目公司选择电子票据支付合同款,必须经本单位内部审批,并报集团公司财务部备案。电子票据操作员应不定期更换系统登录密码。

(三)印章管理

(1)印章刻制。项目公司应严格区分对外财务专用印章和对内财务专用印章。对外财务专用印章指对外具有法律效力并在相关部门备案的印章,包括财务专用章、法人章、发票专用章;对内财务专用印章是指仅供公司内部管理需要的印章,包括现金收付讫章、银行收付讫章、附件章、作废章等。对外财务专用印章由单位指定部门统一制作,严禁私自刻制;对内财务专用印章经财务部门负责人同意后方可刻制。

(2)印章保管。财务专用章由财务部门负责人或者指定专人负责保管,法人章、发票专用章由财务部指定专人负责保管,以上三种财务印鉴必须存放于保险柜;对内财务印章由保管人自行妥善保管。法定代表人、公司领导及非财务人员不得保管财务印章。保管人因请假等原因需要将印章交给他人保管的,必须办理交接手续。保管人离职或调动时,必须办理印章交接手续。对外财务印章如有遗失、毁损、被盗、误用等情况,应立即书面逐级上报。

(3)印章的使用与登记。用印盖章必须由印章保管人亲自加盖,不得交由他人操作。印章使用时应严格审核用印申请资料,如不符合法规和规范要求,应拒绝盖章。财务印章应加盖于规定位置，严禁为空白票据、表格、合同等加盖公司财务印章。印章使用必须做好使用登记记录。需携带对外财务印章外出时，经财务部门负责人和分管财务领导审批后，至少应由两名不相容岗位人员同行，对财务印章使用互相监督。

四、资金计划管理

（一）资金计划编报与审核

项目公司财务分管领导是资金计划管理的具体负责人，负责组织资金计划编制及上报工作。项目公司根据本单位年度经营目标，结合实际情况，编制年度、月度及每周资金计划。具体上报时间以上级单位通知为准。

（二）资金计划控制与执行

项目公司应严格执行已批复的资金计划及集团公司资金调度会相关要求，资金计划未批复的开支一律严禁支付，资金计划批复前已列入上报待审批的以下费用可以提前开支：还本付息、工资等人工费用、税费、办公费、水电费、安全生产经费等。项目公司应按时编制年度、月度资金计划执行情况，上报资金执行情况需填写相关附表及编写执行情况文字说明。集团公司规定，项目公司资金计划严禁超计划开支，资金计划与实际开支偏差率控制在 -10% ~0%。每月定期公布资金计划执行情况，并列入年度绩效考核内容。

五、资金的结算支付

（一）资金结算审批

项目公司资金结算主要有日常结算和审批结算两类，审批结算又分为授权审批结算与非授权审批结算。日常结算由项目公司完成公司内部审批流程后自主支付；审批结算由项目公司将结算材料提交至财务公司，由财务公司进行合规性审核后并支付。

1. 日常结算

日常结算主要为工资、社保、税费和经费报销等日常业务开支。

2. 审批结算

（1）授权审批结算包括支付承包人计量款、监理费、征地拆迁费用、贷款利息、勘察设计费、前期工作经费等。

（2）非授权审批结算包括各类对外投资款（含注资款、收购并购款、土地竞买保证金及出让金等）、捐赠款和购车款等，应按照流程报批。

（二）预付款支付审核

承包人申请开工预付款时，应提供以下有关资料：与本工程相关的合同文件；手续齐备的“预付款支付证书”及其附件。承包人申请材料预付款时，应提供以下有关资料：与本工程相关的合同文件；手续齐备的材料预付款申请表及有关附件；材料采购合同、发票的复印件、材料验收入库单、产品质量证明书、质检报告、现场监理工程师签认的进场报告等；收款收据。

（三）工程计量支付审核

承包人应提供以下有关资料：与本工程相关的合同文件；手续齐备的“期中计量支付表”及有关附件；计量支付财务结算单；完税发票。

建设资金的支付程序为：承包人按规定要求整理报送有关动员预付款、材料预付款、工程计量款的结算资料；监理单位依据监理合同的规定对承包人报送的结算资料进行审核并签署意见。

（四）征地拆迁资金支付审核

征地拆迁资金支付办理时应提供以下有关资料：征地拆迁费用结算表；征地拆迁结算统计表，内容包括各协议对应的征地、青苗、房屋拆迁、杆线拆迁、坟墓迁移及其他拆迁等征迁费用；征地面积统计表；征地拆迁协议及其他相关合同文件等，内容包括征地拆迁补偿数据计算表、征地登记（结算）表、征地丈量记录表、征地地上附着物补偿明细表、户主身份证和银行存折（银行卡）复印件；征地拆迁补偿落实农户确认书、银行交易账单、征地图、拆迁物权属证及图片资料等。

六、专项资金使用管理

项目专项资金主要为车辆购置税资金、政府债券资金（含一般债券和专项债券）。

（一）车辆购置税资金

项目公司对车辆购置税资金进行专户管理，专账核算。项目公司要及时完成车辆购置税资金消化工作。车辆购置税资金优先用于建筑安装和设备投资等形成实体工程量款项的支付，不能用于开支建设单位管理费、征地拆迁工作经费等非实体工程费用。

（二）政府债券资金

项目公司对政府债券资金进行专户管理。项目公司在政府债券资金拨付到位后，要及时完成专项资金消化工作。

政府债券资金只能用于支付建筑安装和设备投资等形成实体工程量款项，不能用于支付非实体工程费用。项目设计费、监理费等费用虽然可计入工程成本，但不属于工程的直接成本，不鼓励将政府债券资金直接用于支付此类费用。

非实体工程的费用包括：工资、养老金、办公经费、征地拆迁工作经费等经常性、费用性支出；偿还债券及债务利息、政府债券发行费用的支出；注册资本金、履约保证金、诚意金等支出；缴交各类罚款、归垫各类管理费用的支出；项目建设单位使用借贷资金支付的支出，归还以前年度垫款、融资借款的支出；项目、股权回购等支出；缴纳土地出让金、耕地占用税、用地报批费等支出。

政府债券资金实行专款专用，不得随意调整用途或项目调整程序不规范，将债券资金用于备案批准及信息披露内容以外的其他项目；不得用于借支给其他单位，包括借支给当地政府或平台公司用于征地拆迁等支出。

七、资金管理的监督与检查

项目公司应严格按照专款专用的原则监督检查建设项目工程资金，确保建设项目工程资金安全、合理、高效使用，防止资金被截留、挤占和挪用等。监督检查的内容主要分为前期工作资金监督管理、承包单位资金监督管理、征地拆迁资金监督管理等。

（一）前期工作资金监督管理

项目前期工作费用包含水土保持评估、环境评估、地质灾害评估、压覆重要矿床评估、用地规划调整及评审、用地复垦方案编制、用地预审及筹备项目的人员管理经费等。项目公司主要检查相关费用是否按照工程进度、内容和质量进行审核支付；预付款、质保金和违约罚金是否按合同要求进行扣款；前期征地拆迁费用是否按照征地拆迁资金监督管理内容进行管理。

（二）承包单位资金监督管理

（1）签订资金监管协议。项目公司应根据招标文件与经办银行、承包单位（分包单位）签订工程建设资金三方（四方）监管协议。承包单位银行账户需开通企业网上银行结算业务，并将项目公司指定的人员设定为网上银行支付系统中最终审核人员，资金使用情况接受项目公司监督和检查。承包单位银行账户对网银支付最终审核员设置审批权限，承包单位对外所有开支达到监管金额的应通过最终审核员审批。承包单位不得对建设资金进行归集，确保工程建设资金专款专用。

（2）对承包单位资金管理进行检查。在合同执行期间，承包单位必须主动接受项目公司的监督和检查。承包单位存在挪用、转移和抽逃建设资金情况的，项目公司应停止承包单位银行账户的对外付款，并采取措施追回流失的资金，同时按承包单位挪用、转移和抽逃资金金额的一定比例处以违约金。

（3）对承包单位付款资料进行检查。项目公司检查承包单位付款材料是否具有商业实质，重点检查承包单位及其关联单位的业务往来、付款合同等相关材料是否齐全，支付内容是否与现场提供的工程服务内容相符，是否存在以项目间调拨材料、租赁设备为由进行支付的情况；施工单位付款材料是否与工程进度相匹配，是否存在应付未付或提前支付的情况，安全生产经费是否足额开支，实际计量金额与现场资金投入是否相符等。

（4）对劳务人员工资支付情况进行检查。项目公司应重点检查承包单位是否及时足额发放劳务人员工资，支付流水是否与劳务人员登记台账相符，对因账户不符退回后需重新支付的劳务人员工资是否及时支付，对退场劳务人员工资是否足额支付并与劳务人员签认足额支付工资确认书。

(三)征地拆迁资金监督管理

征地拆迁指挥部(因项目工程建设需要由当地政府成立的征地拆迁临时机构)必须设立专门的会计核算机构,对征地拆迁资金进行专账核算。征地拆迁补偿费必须做到专款专用,足额并及时地兑付给被征地拆迁户,不得挤占和挪用,不得抵扣被征迁单位或个人与项目建设无关的欠款。征地拆迁指挥部要加强对征地拆迁管理经费的管理,厉行节约,不得用征地拆迁管理经费来购买高档办公设备和车辆,不得挤占挪用征地拆迁补偿费并作为经费开支。

为了保证征地拆迁补偿费安全、合规地使用,征地拆迁指挥部要接受项目公司定期或不定期的检查和指导,并主动接受财政、审计及上级主管部门的审计和监督。

(1)永久用地征地拆迁补偿费的管理。

①征地拆迁指挥部在完成征地拆迁丈量登记、落实权属、地类、数量、补偿金额经公示确认,并与被征地拆迁单位(或个人)签订征地拆迁协议后,与项目公司结算。

②征地拆迁指挥部收到项目公司拨付的征地拆迁补偿费专项资金后,应根据各乡(镇)村委会的分配方案和征地拆迁合同及时对被征地拆迁单位(或个人)进行兑付。各村委会的征迁费分配方案,征地拆迁款属集体部分应该转入该集体组织的银行账号,属个人部分由各分指挥部在经办银行协助下统一直接兑付到征迁个人的存折(银行卡)中,并且将存折(银行卡)直接发放到个人手中。

(2)临时用地租地费用的管理。临时用地具体租地工作由征地拆迁分指挥部负责,租地合同协议书由施工单位直接与出租方签订或由施工单位委托征地拆迁指挥部与出租方签订,租地费用按有关文件规定的标准执行,费用由施工单位负责,并由施工单位直接支付或由施工单位委托分指挥部代付。

(3)农田污染赔偿费管理。农田污染赔偿费按谁污染谁负责赔偿的原则处理。在处理过程中,征地拆迁指挥部负责核实具体污染情况,属施工单位责任的,补偿款由施工单位直接支付;属项目公司责任的,补偿款通过征地拆迁指挥部支付。

(4)征地拆迁管理经费管理。根据自治区人民政府有关规定,由项目公司与各市、县(区)人民政府签订征地拆迁工作协议,给予一定的经费补助。征地拆迁管理经费经项目公司审批后拨到征地拆迁指挥部经费专用存款账户。项目公司对预拨征迁工作管理经费应控制在一定范围内并及时结算。

第三章 会计核算

第一节 会计核算原则及要求

一、核算原则

(一)客观性原则

企业会计核算应当以实际发生的交易或事项为依据,如实反映符合确认和计量要求的各项会计要素及其他相关信息,保证会计信息真实可靠、内容完整。

(二)相关性原则

企业提供的会计信息应当与财务会计报告使用者的经济决策需要相关,有助于财务会计报告使用者对企业过去、现在或者未来的情况作出评价或者预测。

(三)明晰性原则

企业提供的会计信息应当清晰明了,便于财务会计报告使用者理解和使用。

(四)可比性原则

企业提供的会计信息应当具有可比性。同一企业不同时期发生的相同或者相似的交易或者事项,应当采用一致的会计政策,不得随意变更。确需变更的,应当在附注中说明。不同企业发生的相同或者相似的交易或者事项,应当采用规定的会计政策,确保会计信息口径一致、相互可比。

(五)一贯性原则

一贯性原则是指企业采用的会计处理方法和程序前后各期必须一致,企业在一般情况下不得随意变更会计处理方法和程序。

(六)权责发生制原则

企业应当按照交易或者事项的经济实质进行会计确认、计量和报告,不应仅以交易或者事项的法律形式为依据,即收入和费用的确认应当以实际发生和影响作为确认计量的标准。

凡是本期已经实现的收入和已经发生或应当负担的费用，不论款项是否收付，都应作为本期的收入和费用处理。

(七)重要性原则

企业提供的会计信息应当反映与企业财务状况、经营成果和现金流量等有关的所有重要交易或者事项。核算过程中，对经济业务或会计事项应区别其重要程度，采用不同的会计处理方法和程序。对那些重要的会计事项，应分别核算、力求准确，并在会计报告中作重点说明；而对于那些次要的会计事项，在不影响会计信息真实性的情况下，可适当简化会计核算，予以合并。

(八)谨慎性原则

企业对交易或者事项进行会计确认、计量和报告应当保持应有的谨慎，不应高估资产或者收益、低估负债或者费用。

(九)及时性原则

企业对于已经发生的交易或者事项，应当及时进行会计确认、计量和报告，不得提前或者延后。

二、核算要求

(1)企业会计确认、计量和报告应当以持续经营为前提。

(2)企业会计应当以货币计量。

(3)企业应当按照交易或者事项的经济特征确定会计要素。会计要素包括资产、负债、所有者权益、收入、费用和利润。

(4)企业应当采用借贷记账法记账。

(5)会计核算应当严格区分收益性支出与资本性支出的界限，凡支出的效益与本会计年度相关的，应当作为收益性支出，即费用化；凡支出的效益与几个会计年度相关的，应当作为资本性支出，即资本化。

(6)企业在对会计要素进行计量时，一般应当采用历史成本(取得时的实际成本)；采用重置成本、可变现净值、现值、公允价值计量的，应当保证所确定的会计要素金额能够取得并可靠计量。

第二节　公路项目公司会计核算内容

注意：采用简易计税的项目公司在会计账务处理中无须单独核算增值税，以下不再做重复说明。

一、收到资本金的会计处理

收到资本金涉及的主要会计科目见表3-1。

收到资本金涉及的主要会计科目 表3-1

级次	科目编码	科目名称	核算内容
1	1002	银行存款	核算本单位存入银行和其他金融机构的各种存款
1	4001	实收资本	核算按照本单位章程规定,投资者投入本单位的注册资本金
2	400102	法人资本	核算收到非自然人股东拨入章程规定的注册资本金
1	4002	资本公积	核算本单位取得的资本公积
2	400201	资本(股本)溢价	核算企业投资者投入的资金超过其在注册资本中所占份额的部分
2	400299	其他资本公积	其他资本公积,是指除资本溢价(股本溢价)、接受捐赠非现金资产准备、股权投资准备、拨款转入、外币资本折算差额、关联交易差价等各项来源形成的资本公积以外,因其他来源或原因形成的资本公积

1.收到注册资本金的会计处理

借:银行存款

　　贷:实收资本—法人资本(注册资本金额)

　　　　资本公积—资本(股本)溢价(资本溢价金额)

现金流量项目:筹资活动产生的现金流量—吸收投资收到的现金

注意:各核算单位收到投资者投入的资金,超过其在注册资本所占的份额的部分,作为资本溢价,在"资本公积"科目核算,不计入实收资本。

2.收到投资者后续追加投入资本金、自治区财政补助、区市共建资本金、车辆购置税补助以及政府投入的征地拆迁款(占股份)等的会计处理

借:银行存款

　　贷:资本公积—其他资本公积

现金流量项目:筹资活动产生的现金流量—吸收投资收到的现金

3.收到地方政府出资扩建投入资金的会计处理

借:银行存款

　　贷:资本公积—其他资本公积

现金流量项目:筹资活动产生的现金流量—吸收投资收到的现金

4.收到集团公司拨付权益性专项债资金的会计处理

借:银行存款

贷:资本公积—其他资本公积(客商:集团公司)

目前,新发债项目暂定客商为集团公司,之前已发生的项目按原有客商维持,待集团公司统一后再做相应调整。

二、支付预付款项的会计处理

支付预付款项涉及的主要会计科目见表 3-2。

支付预付款项涉及的主要会计科目　　表 3-2

级次	科目编码	科目名称	核算内容
1	1123	预付账款	核算公司按照合同规定预付的款项
2	112305	预付工程款	核算承包人向业主申请的预付工程款
2	112306	开工预付款	核算公司按照合同规定预付的开工预付款项
2	112307	预付征迁款	核算各征地拆迁分指挥部向业主申请的预付征迁款
2	112308	预付征拆工作经费	核算各征地拆迁分指挥部向业主申请的预付征拆工作经费
2	112309	预付材料款	核算公司按照合同规定预付的材料预付款项
2	112311	预付购货款	核算公司按照合同规定预付的购买货物款项
2	112314	预付日常管理费用	核算公司预付的日常管理费用
2	112399	其他	核算公司按照合同规定预付的其他预付款项

借:预付账款—预付工程款/开工预付款/预付征迁款等

贷:银行存款

现金流量项目:投资活动产生的现金流量—购建固定资产、无形资产和其他长期资产支付的现金/支付其他与投资活动有关的现金

三、其他应收款项的会计处理

其他应收款涉及的主要会计科目见表 3-3。

其他应收款涉及的主要会计科目　　表 3-3

级次	科目编码	科目名称	核算内容
1	1221	其他应收款	核算公司除应收票据、应收账款、预付账款等以外的其他各种应收、暂付款项,应收的各种赔款、罚款,应向职工收取的各种垫付款项,已不符合预付账款性质而按规定转入的预付账款,其他各种应收、暂付款项等
2	122101	应收保证金	核算公司应收各项保证金款项

续上表

级次	科目编码	科目名称	核算内容
2	122102	应收代扣代缴款项	核算公司应收员工代扣代缴的款项
2	122107	个人借款	核算公司应收单位内员工借款
2	122109	往来款	核算公司应收集团内单位的往来款项
2	122112	应收资金集中管理款	核算公司所有在结算中心的存款
2	122198	历史待处理挂账	核算公司旧NC系统迁移至新NCC系统时的历史挂账款项
2	122199	其他	核算公司应收集团内单位的其他款项

借:其他应收款—应收保证金/个人借款/往来款等

贷:银行存款

现金流量项目:投资活动产生的现金流量—购建固定资产、无形资产和其他长期资产支付的现金/支付其他与投资活动有关的现金

四、固定资产相关会计处理

固定资产涉及的主要会计科目见表3-4。

固定资产涉及的主要会计科目 表3-4

级次	科目编码	科目名称	核算内容
1	1601	固定资产	核算公司购入、调入或其他方式取得的固定资产
1	1602	累计折旧	核算公司固定资产按公司规定计算的折旧额
1	1603	固定资产减值准备	核算公司固定资产的减值准备
1	1606	固定资产清理	核算企业因出售、报废和毁损等原因转入清理的固定资产价值以及在清理过程中所发生的清理费用和清理收入
1	6115	资产处置损益	核算固定资产、无形资产,在建工程等因出售、转让等,产生的处置利得或损失
1	1901	待处理财产损溢	核算企业在清查财产过程中已经查明的各种财产物资的盘盈、盘亏和毁损
2	190102	待处理非流动资产损溢	核算企业在清查财产过程中已经查明的非流动资产的盘盈、盘亏和毁损

1.购买固定资产会计处理

借:固定资产—运输工具/电子设备/办公设备等

应交税费—待认证进项税(用于福利用途的除外)

贷:银行存款

现金流量项目:投资活动产生的现金流量—购建固定资产、无形资产和其他长期资产支付的现金

2. 计提固定资产折旧的会计处理

借:在建工程—待摊投资—建设单位管理费—固定资产折旧

　　贷:累计折旧—运输工具/电子设备/办公设备等

3. 固定资产减值的会计处理

借:资产减值损失—固定资产减值损失

　　贷:固定资产减值准备—运输工具/电子设备/办公设备等

4. 处置固定资产的会计处理

(1)将出售、报废和毁损的固定资产转入清理状态

借:固定资产清理—运输工具/电子设备/办公设备等

　　累计折旧(已计提的折旧)

　　固定资产减值准备—运输工具/电子设备/办公设备等

　　贷:固定资产(固定资产的账面原价)

(2)发生清理费用

借:固定资产清理—运输工具/电子设备/办公设备等

　　贷:银行存款

现金流量项目:投资活动产生的现金流量—支付其他与投资活动有关的现金

(3)收回出售固定资产的价款和变价收入等

借:银行存款

　　贷:固定资产清理

　　　　应交税费—应交增值税—销项税额

现金流量项目:投资活动产生的现金流量—处置固定资产、无形资产和其他长期资产收回的现金净额

(4)应由保险公司或过失人赔偿

借:其他应收款

　　贷:固定资产清理

(5)固定资产清理后的净收益

借:固定资产清理

　　贷:营业外收入(报废)

　　　　资产处置损益(出售)

(6)固定资产清理后的净损失

借:营业外支出(报废)

　　资产处置损益(出售)

贷:固定资产清理

5.盘亏的会计处理

(1)发现盘亏时

借:待处理财产损溢—待处理非流动资产损溢

累计折旧

贷:固定资产

(2)报经批准后

①可收回的保险赔偿或过失人赔偿。

借:其他应收款

贷:待处理财产损溢—待处理非流动资产损溢

②应计入营业外支出的金额。

借:营业外支出—盘亏损失

贷:待处理财产损溢—待处理非流动资产损溢

五、使用权资产相关会计处理

使用权资产及涉及的主要会计科目见表3-5。

使用权资产及涉及的主要会计科目　　表3-5

级次	科目编码	科目名称	核算内容
1	1633	使用权资产	核算公司确认使用权资产
1	2503	租赁负债	—
2	250301	租赁付款额	—
2	250301	未确认融资费用	核算使用权资产未确认融资费用
1	1604	在建工程	—
2	160406	待摊投资	—
3	16040601	建设单位管理费	—
4	1604060119	使用权资产折旧	—
1	1634	使用权资产累计折旧	核算使用权资产折旧

1.确认使用权资产

借:使用权资产

租赁负债—未确认融资费用

贷:租赁负债—租赁付款额

2.支付租金时的会计处理

借:租赁负债—租赁付款额

应交税费—待认证进项税

贷:银行存款

3. 计提使用权资产折旧时的会计处理

借:在建工程—待摊投资—建设单位管理费—使用权资产折旧

贷:使用权资产累计折旧

4. 确认利息费用

借:在建工程—借款利息—利息支出

贷:租赁负债—未确认融资费用

注意:根据最新租赁准则,使用权资产一般在租赁期开始日的当月计提折旧。

六、无形资产相关会计处理

无形资产涉及的主要会计科目见表3-6。

无形资产涉及的主要会计科目　　表3-6

级次	科目编码	科目名称	核算内容
1	1701	无形资产	核算公司购入的无形资产
1	1702	累计摊销	核算无形资产的摊销
1	1703	无形资产减值准备	核算无形资产的减值准备
1	6115	资产处置损益	核算固定资产、无形资产,在建工程等因出售、转让等,产生的处置利得或损失

1. 购买无形资产的会计处理

借:无形资产

应交税费—待认证进项税

贷:银行存款

现金流量项目:投资活动产生的现金流量—购建固定资产、无形资产和其他长期资产支付的现金

2. 计提无形资产摊销的会计处理

借:在建工程—待摊投资—建设单位管理费—无形资产摊销

贷:累计摊销

3. 无形资产减值的会计处理

借:资产减值损失—无形资产减值损失

贷:无形资产减值准备

4. 处置无形资产的会计处理

(1)出售

借:银行存款

无形资产减值准备

累计摊销

资产处置损益(借方差额)

贷:无形资产

应交税费—应交增值税—销项税额

资产处置损益(贷方差额)

现金流量项目:投资活动产生的现金流量—处置固定资产、无形资产和其他长期资产收回的现金净额

(2)报废

借:累计摊销

无形资产减值准备

营业外支出

贷:无形资产

七、前期工作费用的会计处理

前期工作费用涉及的主要会计科目见表3-7。

前期工作费用涉及的主要会计科目 表3-7

级次	科目编码	科目名称	核算内容
1	1604	在建工程	—
2	160406	待摊投资	—
3	16040608	建设项目前期工作费用	—
4	1604060801	工可编制费	核算工程可行性研究报告编制费用
4	1604060802	概算及调整概算编制费	核算概算及调整概算编制费
4	1604060803	招标文件编制费	核算招标文件编制费
4	1604060804	项目用地规划调整及评审费用	核算项目用地规划调整及评审费
4	1604060805	评估费	核算评估费用
4	1604060806	咨询服务费	核算咨询服务费用
4	1604060807	勘察设计费	核算勘察设计费用(用于勘察设计一体合同的核算)
4	1604060899	其他	核算除以上项目外的其他前期工作费用

借:在建工程—待摊投资—建设项目前期工作费用—工可编制费/勘察设计费/其他等

应交税费—待认证进项税

贷:银行存款/应付账款等

现金流量项目:投资活动产生的现金流量—购建固定资产、无形资产和其他长期资产支

付的现金

八、人员经费的会计处理

人员经费涉及的主要会计科目见表3-8。

人员经费涉及的主要会计科目　表3-8

级次	科目编码	科目名称	核算内容
4	1604060101	工资	核算公司人员的工资、奖金、津贴及补贴
4	1604060102	社会保险费	核算公司缴纳的基本养老保险、基本医疗保险、失业保险、工伤保险、企业补充养老保险、补充医疗保险等社会保险费用
4	1604060103	残疾人就业保障金	核算根据地方有关法规的规定，按照年度差额人数和上年度本地区职工年平均工资计算缴纳用于残疾人就业的专项资金
4	1604060104	住房公积金	核算公司缴纳的住房公积金
4	1604060105	福利费	核算公司按职工工资总额的14%范围内控制使用的福利费
4	1604060106	工会经费	核算公司按职工工资总额的2%计提，计提后向工会拨缴的经费
4	1604060107	经济补偿金	核算劳动合同解除或终止后，用人单位依法一次性支付给劳动者的经济补助
4	1604060108	职工教育经费	核算公司为职工学习先进技术和提高文化水平而支付的费用，目前按职工工资总额的2.5%计提

1.工资的计提与发放

(1)计提

借：在建工程—待摊投资—建设单位管理费—工资

　贷：应付职工薪酬—短期薪酬—工资—岗位工资/绩效工资/工龄工资等

(2)发放

借：应付职工薪酬—短期薪酬—工资—岗位工资/绩效工资/工龄工资等

　贷：银行存款

　　其他应付款—代扣代缴社保费—基本医疗保险/补充医疗保险/基本养老保险/失业保险

　　其他应付款—企业年金

　　其他应付款—住房公积金

　　应交税费—代扣代缴税费—个人所得税

现金流量项目:投资活动产生的现金流量—购建固定资产、无形资产和其他长期资产支付的现金

注意:劳务派遣人员工资在"应付职工薪酬—短期薪酬—劳务派遣费"科目核算,同时"五险一金"计提及缴纳都通过"短期薪酬—劳务派遣费"核算。

2. 社保费的计提与缴纳

(1)计提

借:在建工程—待摊投资—建设单位管理费—社会保险费

贷:应付职工薪酬—短期薪酬—社会保险费—基本医疗保险/补充医疗保险/工伤保险等

应付职工薪酬—离职后福利—社会保险费—养老保险费/失业保险费

(2)缴纳

借:应付职工薪酬—短期薪酬—社会保险费—基本医疗保险/补充医疗保险/工伤保险等

应付职工薪酬—离职后福利—社会保险费—养老保险费/失业保险费

其他应付款—代扣代缴社保费—基本医疗保险/补充医疗保险/基本养老保险/失业保险(代扣员工个人负担部分社保费用)

贷:银行存款

3. 住房公积金的计提与缴纳

(1)计提

借:在建工程—待摊投资—建设单位管理费—住房公积金

贷:应付职工薪酬—短期薪酬—住房公积金

(2)缴纳

借:应付职工薪酬—短期薪酬—住房公积金

其他应付款—住房公积金(代扣个人负担部分)

贷:银行存款

现金流量项目:投资活动产生的现金流量—购建固定资产、无形资产和其他长期资产支付的现金

4. 企业年金的计提与缴纳

(1)计提

借:在建工程—待摊投资—建设单位管理费—社会保险费

贷:应付职工薪酬—离职后福利—企业年金

(2)缴纳

借:应付职工薪酬—离职后福利—企业年金

其他应付款—企业年金(代扣个人负担部分)

贷:银行存款

现金流量项目:投资活动产生的现金流量—购建固定资产、无形资产和其他长期资产支付的现金

5. 职教费及工会经费的计提与使用

(1)计提

借:在建工程—待摊投资—建设单位管理费—工会经费

在建工程—待摊投资—建设单位管理费—职工教育经费

贷:应付职工薪酬—短期薪酬—工会经费

应付职工薪酬—短期薪酬—职工教育经费

(2)缴纳工会经费

借:应付职工薪酬—短期薪酬—工会经费

贷:银行存款

现金流量项目:投资活动产生的现金流量—购建固定资产、无形资产和其他长期资产支付的现金

(3)使用职工教育经费

借:应付职工薪酬—短期薪酬—职工教育经费

贷:银行存款

现金流量项目:投资活动产生的现金流量—购建固定资产、无形资产和其他长期资产所支付的现金

6. 福利费的使用与结转

(1)使用

借:应付职工薪酬—短期薪酬—福利费

贷:银行存款

现金流量项目:投资活动产生的现金流量—购建固定资产、无形资产和其他长期资产支付的现金

注意:用于食堂采购的福利费不能进项抵扣,无须价税分离。

(2)结转

借:在建工程—待摊投资—建设单位管理费—福利费

贷:应付职工薪酬—短期薪酬—福利费

7. 经济补偿金的计提与发放

(1)计提

借:在建工程—待摊投资—建设单位管理费—经济补偿金

贷:应付职工薪酬—辞退福利

(2)发放

借:应付职工薪酬—辞退福利

贷:银行存款

现金流量项目:投资活动产生的现金流量—购建固定资产、无形资产和其他长期资产支付的现金

九、办公类及其他建设管理费的会计处理

办公类及其他建设管理费涉及的主要会计科目见表3-9。

办公类及其他建设管理费涉及的主要会计科目 表3-9

级次	科目编码	科目名称	核算内容
4	1604060110	办公费	核算公司因办公需要发生的费用开支及材料消耗,主要指办公用品、办公耗材、办公场所水电费及通信费等
4	1604060111	水电费	核算公司办公场所耗用的水电费
4	1604060112	差旅费	核算公司人员和因经营需要临时聘请的公司外部人员,受派遣离开公司驻地至国内各地开展公务活动、培训等所发生的必要支出,内容包括城市间的交通费、住宿费、市内交通费、差勤费
4	1604060113	业务招待费	核算公司为业务经营的合理需要而支付的费用
4	1604060114	广告宣传费	核算公司用于公司形象和文化宣传的费用支出
4	1604060115	修理费	核算公司所使用的固定资产和低值易耗品的修理费用
4	1604060116	车辆使用费	核算公司因公务用车发生的燃油费、过路停洗费、维修费、审验费、保险费、汽车用品及其他费用
4	1604060117	会议费	核算公司因召开会议按规定支付的各种费用,包括会议餐费、会议公杂费、会场租赁费、会议交通费等
4	1604060118	固定资产折旧费	核算公司按制度规定计提的固定资产折旧费用
4	1604060119	使用权资产折旧	核算公司按制度规定计提使用权资产折旧费用
4	1604060120	无形资产摊销	核算专利权、商标权、著作权、土地使用权、非专利技术等无形资产的摊销
4	1604060121	劳动保护费	核算公司发生的各种劳动保护费用
4	1604060122	保险费	核算公司对经营管理用财产物资进行保险而发生的财产保险费
4	1604060123	安全生产经费	核算公司专门用于完善和改进安全生产条件所发生的费用
4	1604060124	租金及物业费	租金:核算公司租赁办公、土地、设备等发生的费用。物业费:核算公司委托物业管理单位服务所收取的费用
4	1604060125	劳务费	核算公司支付给雇用的临时工作人员且没有包括在工资中的劳务费用
4	1604060126	中介咨询审计费	核算公司聘请中介机构发生的各项费用

续上表

级次	科目编码	科目名称	核算内容
4	1604060127	企业文化推广费	核算公司因推广企业文化而发生的费用
4	1604060128	诉讼费	核算公司管理中因起诉或者应诉而发生的各项费用
4	1604060129	房产税	核算公司按规定交纳的房产税
4	1604060130	土地使用税	核算公司按规定交纳的土地使用税
4	1604060131	水利建设基金	核算公司按规定交纳的水利建设基金
4	1604060132	研究开发费	核算公司发生的用于新产品、新材料、新工艺等的费用支出，包括服务于技术开发项目的人员发生的工资、差旅费、办公等费用开支
4	1604060133	专家咨询评审会	核算发生的专家咨询评审会费用
4	1604060199	其他	核算不能列入以上各项目的其他管理费用

借：在建工程—待摊投资—建设单位管理费—办公费/会议费等

应交税费—待认证进项税

贷：银行存款/其他应付款等

注意：业务招待费不能进项抵扣，无须价税分离。

现金流量项目：投资活动产生的现金流量—购建固定资产、无形资产和其他长期资产支付的现金

十、专项评估费的会计处理

专项评估费涉及的主要会计科目见表3-10。

专项评估费涉及的主要会计科目 表3-10

级次	科目编码	科目名称	核算内容
1	1604	在建工程	—
2	160406	待摊投资	—
3	16040607	专项评估费	—
4	1604060701	环境影响评价费	核算与环境影响评价相关的费用
4	1604060702	水土保持工程	核算与水土保持相关的评估费用
4	1604060703	地震安全性评价费	核算与地震安全性相关的评估费用
4	1604060704	地质灾害风险评价费	核算与地质灾害危险性相关的评估费用
4	1604060705	压覆重要矿床评估费	核算与压覆重要矿床相关的评估费用
4	1604060706	文物勘察费	核算与文物勘察相关的费用
4	1604060707	通航论证费	核算与通航论证相关的费用

续上表

级次	科目编码	科目名称	核算内容
4	1604060708	行洪论证评估费	核算项目行洪论证评估费用
4	1604060709	使用林地可行性报告编制费	核算项目使用林地可行性报告评估费用
4	1604060710	用地预审报告编制费	核算与建设用地预审相关的评估费用
4	1604060711	项目风险评估费	核算与项目风险评估相关的费用
4	1604060712	节能评估费和社会风险评估费	核算与节能评估费和社会风险评估相关的费用
4	1604060799	其他评估费	核算除上述评估费外的其他评估费

借:在建工程—待摊投资—专项评估费—水土保持工程等

　应交税费—待认证进项税

　贷:银行存款/应付账款等

现金流量项目:投资活动产生的现金流量—购建固定资产、无形资产和其他长期资产支付的现金

十一、征地拆迁费会计处理

征地拆迁费涉及的主要会计科目见表3-11。

征地拆迁费涉及的主要会计科目　　表3-11

级次	科目编码	科目名称	核算内容
1	1604	在建工程	—
2	160405	土地征用及迁移补偿费	—
3	16040501	征地拆迁工作经费	核算支付给征拆分指挥部,用于开展征迁工作的日常经费
3	16040502	耕地开垦费	核算支付给自然资源部门的耕地开垦费
3	16040503	土地补偿费	核算因项目征地发生的土地补偿费
3	16040504	青苗补偿费	核算因项目征地发生的青苗补偿费
3	16040505	安置补偿费	核算因项目征地拆迁发生的安置补偿费
3	16040506	拆迁补偿费	核算因项目征地进行房屋拆迁、其他建筑物拆迁、地上附着物迁移发生的拆迁补偿款
3	16040507	森林植被恢复费	核算支付给林业部门的森林植被恢复费
3	16040508	征地管理费	核算支付的征地管理费
3	16040509	土地复垦及补偿费	核算支付给自然资源部门的土地复垦及补偿费
3	16040510	土地使用税	核算税务局依法征收的土地使用税
3	16040511	耕地占用税	核算税务局依法征收的耕地占用税

续上表

级次	科目编码	科目名称	核算内容
3	16040512	被征地农民养老保险补贴	核算支付给被征地农民的养老保险补贴
3	16040513	用地预审费	核算支付的用地预审相关的费用
3	16040514	水土保持补偿费	核算支付的水土保持补偿费用
3	16040515	临时用地复垦方案编制费	核算支付的临时用地复垦方案编制费用
3	16040516	压覆矿藏评估与补偿费	核算支付的压覆矿藏评估与补偿费
3	16040517	耕地占补平衡	核算交纳的耕地占补平衡费用
3	16040599	其他费用	核算项目征迁工作中发生的其他费用

借:在建工程—土地征用及迁移补偿费—征地拆迁工作经费/土地补偿费/青苗补偿费/耕地占补平衡/其他费用等

应交税费—待认证进项税(如取得增值税专票)

贷:银行存款/预付账款/资本公积等

现金流量项目:投资活动产生的现金流量—购建固定资产、无形资产和其他长期资产支付的现金

注意:若征地拆迁费用由地方政府负担且占项目股份,计入资本公积科目。

十二、工程计量款会计处理

工程计量款涉及的主要会计科目见表3-12。

工程计量款涉及的主要会计科目 表3-12

级次	科目编码	科目名称	核算内容
1	1604	在建工程	—
2	160401	项目投资工程	—
3	16040101	路基工程	核算路基工程成本
3	16040102	路面工程	核算路面工程成本
3	16040103	桥梁涵洞工程	核算桥梁涵洞工程成本
3	16040104	交叉工程	核算交叉工程成本
3	16040105	隧道工程	核算隧道工程成本
3	16040106	公路设施及预埋管线工程	核算公路设施及预埋管线工程成本
3	16040107	临时工程	核算临时工程成本
3	16040108	绿化及环境保护工程	核算绿化及环境保护工程成本
3	16040109	管理、养护及服务房屋	核算管理、养护及服务房屋成本
3	16040113	其他费用	核算其他工程成本

1. 结算工程计量款

借:在建工程—项目投资工程—路基工程/路面工程/桥梁涵洞工程/交叉工程/隧道工程等

在建工程—项目投资工程—其他费用(不含税奖励金额,罚金以负数列示)

应交税费—待认证进项税

贷:预付账款—开工预付款/预付材料款等(如有)

应付账款—应付工程款

2. 支付工程计量款

借:应付账款—应付工程款

贷:银行存款

其他应付款—保证金等

现金流量项目:投资活动产生的现金流量—购建固定资产、无形资产和其他长期资产支付的现金

十三、设备投资的会计处理

设备投资涉及的主要会计科目见表3-13。

设备投资涉及的主要会计科目 表3-13

级次	科目编码	科目名称	核算内容
1	1604	在建工程	—
2	160404	设备投资	核算机电工程中购置设备款和根据概算批复购置的各种养护设备
3	16040401	设备购置费	核算基建项目中用于设备、工具、器具购置的投资
4	1604040101	监控系统设备	核算基建项目中用于监控系统设备的投资
4	1604040102	通信系统设备	核算基建项目中用于通信系统设备的投资
4	1604040103	收费系统设备	核算基建项目中用于收费系统设备的投资
4	1604040104	供电照明系统	核算基建项目中用于供电照明系统设备的投资
4	1604040105	养护设备	核算基建项目中用于养护设备的投资
4	1604040106	车辆	核算基建项目中用于购买车辆的投资
4	1604040107	服务区设备	核算建设项目中用于服务区设备的投资
4	1604040108	通风设备	核算建设项目中用于通风设备的投资
4	1604040109	消防设备	核算建设项目中用于消防设备的投资
4	1604040110	港口码头工程设备	核算建设项目中用于港口码头工程设备的投资
4	1604040111	加油站设备	核算加油站设备的投资
4	1604040112	物流园区工程设备	核算物流园区工程设备的投资

续上表

级次	科目编码	科目名称	核算内容
4	1604040199	其他设备	核算设备投资中的其他设备投资
3	16040402	办公及生活用家具购置	核算运营管理需购置的必需的办公及生活用家具、用具等发生的费用
4	1604040201	办公设备	核算办公设备投资
4	1604040202	生活设备	核算生活设备的投资
4	1604040299	其他设备	核算购置其他办公及生活用家具的费用

1. 设备购置费

(1)结算

借:在建工程—设备投资—设备购置费—监控系统设备/通信系统设备/收费系统设备等

应交税费—待认证进项税

贷:应付账款—应付设备款

(2)支付

借:应付账款—应付设备款

贷:银行存款等

现金流量项目:投资活动产生的现金流量—购建固定资产、无形资产和其他长期资产支付的现金

2. 办公及生活用家具购置(项目公司根据集团公司批复文件预付该费用给运营公司,由运营公司购置后与项目公司结算)

(1)支付

借:其他应收款—往来款

贷:银行存款

现金流量项目:投资活动产生的现金流量—购建固定资产、无形资产和其他长期资产支付的现金

(2)结算

借:在建工程—设备投资—设备购置费—办公及生活用家具购置—办公设备/生活设备等

应交税费—待认证进项税

贷:其他应收款—往来款

十四、应交税费的会计处理

应交税费涉及的主要会计科目见表3-14。

应交税费涉及的主要会计科目　表 3-14

级次	科目编码	科目名称	核算内容
1	2221	应交税费	—
2	2221001	应交增值税	下设三级明细科目,核算增值税进、销项税额,已交税金等
2	222102	未交增值税	核算应交未交、多交或预缴的增值税额以及缴纳以前期间未交的增值税额
2	222103	预交增值税	核算采用预收款方式以及其他按现行增值税制度规定应缴纳的增值税
2	222104	待抵扣进项税	核算已取得增值税扣税凭证并经税务机关认证,按现行规定准予以后期间从销项税额中抵扣的进项税
2	222105	待认证进项税	核算未经税务机关认证而不得从当期销项税额中抵扣的进项税额
2	222106	待转销项税额	核算已确认收入(或利得)但尚未发生增值税纳税义务而需以后期间确认为销项税额的增值税额
2	222107	增值税留抵税额	核算截止到纳入营改增试点之前的增值税期末留抵税额按现行制度不得从销项税额中抵扣的增值税留抵税额
2	222108	简易计税	核算一般纳税人采用简易计税方法发生的增值税计提、扣减、预缴、缴纳等业务
2	222109	转让金融商品应交增值税	核算转让金融商品发生的增值税额
2	222110	增值税检查调整	核算增值税税额的调整
2	222111	企业所得税	核算公司按规定应交的企业所得税
2	2221005	应交城市维护建设税	核算公司按规定应交的城市维护建设税
2	2221007	应交所得税	—
2	222129	代扣代缴税费	核算代扣代缴的个人所得税、增值税、企业所得税、城市维护建设税、教育费附加、地方教育附加
2	222130	城市维护建设税	核算应缴纳的城市维护建设税
2	2221015	教育费附加	核算公司按规定应交的教育费附加
2	2221016	地方教育附加	核算公司按规定应交的地方教育附加

注:相关账务处理见税务篇。

十五、跟踪审计费、竣工审计费、其他审查费等的会计处理

跟踪审计费、竣工审计费、其他审查费等业务涉及的主要会计科目见表 3-15。

跟踪审计费、竣工审计费、其他审查费等业务涉及的主要会计科目　　表 3-15

级次	科目编码	科目名称	核算内容
1	1604	在建工程	—
2	160406	待摊投资	—
3	16040613	社会中介机构审计(查)费	核算跟踪审计费、竣工审计费、审查费等

借:在建工程—待摊投资—社会中介机构审计(查)费

应交税费—待认证进项税

贷:银行存款

现金流量项目:投资活动产生的现金流量—购建固定资产、无形资产和其他长期资产支付的现金

十六、票据业务的会计处理

票据业务涉及的主要会计科目见表 3-16。

票据业务涉及的主要会计科目　　表 3-16

级次	科目编码	科目名称	核算内容
1	2201	应付票据	核算公司购买材料、商品和接受劳务供应等开出、承兑的商业汇票
2	220101	银行承兑汇票	核算公司支付的银行承兑汇票
2	220102	商业承兑汇票	核算公司支付的商业承兑汇票

1. 付工程款、监理费等

借:应付账款—应付工程款等

贷:应付票据

2. 票据兑付

借:应付票据

贷:银行存款/其他货币资金

现金流量项目:投资活动产生的现金流量—购建固定资产、无形资产和其他长期资产支付的现金

3. 支付票据承兑手续费及贴息等

借:在建工程—待摊投资—借款利息—利息支出

贷:银行存款

现金流量项目:投资活动产生的现金流量—购建固定资产、无形资产和其他长期资产支付的现金

十七、监理费的会计处理

监理费涉及的主要科目见表3-17。

监理费涉及的主要科目 表3-17

级次	科目编码	科目名称	核算内容
1	1604	在建工程	—
2	160406	待摊投资	—
3	16040603	工程监理费	核算公司发生的工程监理费

1. 结算监理费

借:在建工程—待摊投资—工程监理费(结算监理费及不含税奖励金额,罚金以负数列示)

应交税费—待认证进项税

贷:预付账款—开工预付款(如有)

应付账款—应付工程款

2. 支付监理费

借:应付账款—应付工程款

贷:银行存款

现金流量项目:投资活动产生的现金流量—购建固定资产、无形资产和其他长期资产支付的现金

十八、竣(交)工验收费会计处理

竣(交)工验收费涉及的主要会计科目见表3-18。

竣(交)工验收费涉及的主要会计科目 表3-18

级次	科目编码	科目名称	核算内容
1	1604	在建工程	—
2	160406	待摊投资	—
3	16040605	竣(交)工验收费	核算公司因竣(交)工验收发生的相关费用

借:在建工程—待摊投资—竣(交)工验收费

应交税费—待认证进项税

贷:银行存款

现金流量项目:投资活动产生的现金流量—购建固定资产、无形资产和其他长期资产支付的现金

十九、研究试验费的会计处理

研究试验费涉及的主要会计科目见表3-19。

研究试验费涉及的主要会计科目　　表3-19

级次	科目编码	科目名称	核算内容
1	1604	在建工程	—
2	160406	待摊投资	—
3	16040606	研究试验费	核算为本建设项目提供或验证设计数据、资料进行必要的研究试验费用,按照设计规定的施工过程中必须进行的试验费,以及支付科技成果、先进技术的一次性技术转让费

借:在建工程—待摊投资—研究试验费

　应交税费—待认证进项税

　贷:银行存款

现金流量项目:投资活动产生的现金流量—购建固定资产、无形资产和其他长期资产支付的现金

二十、建设项目信息化费的会计处理

建设项目信息化费涉及的主要会计科目见表3-20。

建设项目信息化费涉及的主要会计科目　　表3-20

级次	科目编码	科目名称	核算内容
1	1604	在建工程	—
2	160406	待摊投资	—
3	16040602	建设项目信息化费	核算公司发生的建设项目信息化费用

借:在建工程—待摊投资—建设项目信息化费

　应交税费—待认证进项税

　贷:银行存款

现金流量项目:投资活动产生的现金流量—购建固定资产、无形资产和其他长期资产支付的现金

二十一、收到借款的会计处理

收到借款涉及的主要会计科目见表3-21。

收到借款涉及的主要会计科目 表3-21

级次	科目编码	科目名称	核算内容
1	2001	短期借款	核算公司向财务公司、银行或其他金融机构等借入的期限在1年以下(含1年)的各项借款
1	2241	其他应付款	核算公司向集团公司、结算中心等借入的期限在1年以下(含1年)的各项借款
1	2501	长期借款	核算公司向财务公司、银行或其他金融机构等借入的期限在1年以上(不含1年)的各项借款
1	2701	长期应付款	核算公司向集团公司、结算中心等借入的期限在1年以上(不含1年)的各项借款

1. 子公司从集团公司、结算中心取得借款

(1)款项存放于结算中心账户

借:其他应收款—应收资金集中管理款

贷:其他应付款

长期应付款

(2)款项转到外部银行账户

借:银行存款

贷:其他应收款—应收资金集中管理款

现金流量项目:筹资活动产生的现金流量—取得借款所收到的现金

2. 从财务公司、银行或其他金融机构取得借款

借:银行存款

贷:短期借款

长期借款

长期借款现金流量项目:筹资活动产生的现金流量—取得借款所收到的现金

二十二、利息计提与支付的会计处理

利息计提与支付涉及的主要会计科目见表3-22。

利息计提与支付涉及的主要会计科目 表3-22

级次	科目编码	科目名称	核算内容
1	1604	在建工程	—
2	160406	待摊投资	—
3	16040614	借款利息	—
4	1604061401	利息支出	核算建设期至试运营期间的贷款利息(资本化利息)

续上表

级次	科目编码	科目名称	核算内容
1	2001	短期借款	核算从财务公司、银行或其他金融机构等取得1年以下(含1年)借款,持有期间产生的利息
1	2231	应付利息	核算已到期但尚未支付的利息
1	2241	其他应付款	核算从集团公司、结算中心取得1年以下(含1年)借款,持有期间产生的利息
1	2501	长期借款	核算从财务公司、银行或其他金融机构等取得1年以上(不含1年)借款,持有期间产生的利息
1	2701	长期应付款	核算从集团公司、结算中心取得1年以上(不含1年)借款,持有期间产生的利息

1. 计提

借:在建工程—待摊投资—借款利息—利息支出

　　贷:短期借款/长期借款

　　　　其他应付款/长期应付款

2. 支付

借:短期借款/长期借款

　　其他应付款/长期应付款

　　贷:银行存款

3. 逾期未支付的利息

借:短期借款/长期借款

　　其他应付款/长期应付款

　　贷:应付利息

4. 权益性债券利息、手续费计提与支出账务处理

(1)每月计提专项债券利息

借:在建工程—待摊投资—借款利息—利息支出/财务费用—利息支出—债券利息

　　贷:长期应付款—应付政府债券—应计利息(客商:某政府单位)

(2)实际发生时,集团公司列分摊的利息

借:长期应付款—应付政府债券—应计利息(客商:某政府单位)

　　贷:其他应付款—往来款(客商:集团公司)

(3)集团公司列分摊的手续费/发行费

借:在建工程—待摊投资—借款利息—金融机构手续费/财务费用—手续费

贷:其他应付款—往来款(客商:集团公司)

(4)支付集团公司利息款/手续费/发行费

借:其他应付款—往来款(客商:集团公司)

贷:银行存款

现金流量项目:筹资活动产生的现金流量—分配股利、利润或偿付利息支付的现金

二十三、支付银行手续费的会计处理

支付银行手续费涉及的主要会计科目见表3-23。

支付银行手续费涉及的主要会计科目 表3-23

级次	科目编码	科目名称	核算内容
1	1604	在建工程	—
2	160406	待摊投资	—
3	16040614	借款利息	—
4	1604061403	金融机构手续费	核算建设期至试运营期间支付的银行手续费(资本化)

借:在建工程—待摊投资—借款利息—金融机构手续费

应交税费—待认证进项税(如取得增值税专票)

贷:银行存款

现金流量项目:投资活动产生的现金流量—购建固定资产、无形资产和其他长期资产支付的现金

二十四、收到银行存款利息的会计处理

收到银行存款利息涉及的主要会计科目见表3-24。

收到银行存款利息涉及的主要会计科目 表3-24

级次	科目编码	科目名称	核算内容
1	1604	在建工程	—
2	160406	待摊投资	—
3	16040614	借款利息	—
4	1604061401	利息收入	核算建设期至试运营期间的利息收入(资本化)

借:银行存款

其他应收款—应收资金集中管理款(结算中心存款利息)

贷:在建工程—待摊投资—借款利息—利息收入

现金流量项目:投资活动产生的现金流量—收到其他与投资活动有关的现金

二十五、涉及各类保证金的会计处理

涉及各类保证金的主要会计科目见表3-25。

涉及各类保证金的主要会计科目　　表3-25

级次	科目编码	科目名称	核算内容
1	2241	其他应付款	—
2	224101	保证金	核算按照合同、协议约定收取的质量保证金、履约保证金、投标保证金、押金、劳务人员工资保障金、缺陷修复费等

1. 收到各类保证金

借:银行存款

贷:其他应付款—保证金

现金流量项目:投资活动产生的现金流量—收到其他与投资活动有关的现金

2. 退各类保证金

借:其他应付款—保证金

贷:银行存款

现金流量项目:投资活动产生的现金流量—支付其他与投资活动有关的现金(收到保证金后退还)/购建固定资产、无形资产和其他长期资产支付的现金(从计量款中扣除保证金)

注意:退各类保证金时的现金流量项目要对应收取时的现金流量。

3. 质量保证金转/付缺陷工程款

(1)质量保证金转缺陷工程款

借:其他应付款—保证金(款项类别:质量保证金)

贷:其他应付款—保证金(款项类别:缺陷修复费)

(2)质量保证金付缺陷工程款

借:其他应付款—保证金(款项类别:缺陷修复费)

贷:银行存款

现金流量项目:投资活动产生的现金流量—购建固定资产、无形资产和其他长期资产支付的现金

二十六、预提费用的会计处理

预提费用涉及的主要会计科目见表3-26。

预提费用涉及的主要会计科目 表3-26

级次	科目编码	科目名称	核算内容
1	2241	其他应付款	—
2	224109	预提费用	—
3	22410901	预提工程款	核算公司预提的工程费用
3	22410902	预提建管费	核算公司预提的建设单位管理费用
3	22410903	预提其他费用	核算公司预提的其他费用

1.计提预付费用

借:在建工程—项目投资工程/待摊投资等

贷:其他应付款—预提费用—预提工程款/预提建管费/预提其他费用

2.使用预提费用

借:其他应付款—预提费用—预提工程款/预提建管费/预提其他费用

贷:银行存款等

3.剩余预提费用的转回

借:其他应付款—预提费用—预提工程款/预提建管费/预提其他费用

贷:营业外收入

现金流量项目:投资活动产生的现金流量—购建固定资产、无形资产和其他长期资产支付的现金

二十七、竣工决算的会计处理

竣工决算涉及的主要会计科目见表3-27。

竣工决算涉及的主要会计科目 表3-27

级次	科目编码	科目名称	核算内容
1	1601	固定资产	—
2	160101	公路及建筑物	核算公司应结转的公路及建筑物投资
2	160102	房屋及建筑物	核算公司应结转的房屋及建筑物投资
2	160103	机器设备	核算公司应结转的机器设备投资
2	160104	运输工具	核算公司应结转的运输工具投资
2	160105	电子设备	核算公司应结转的电子设备投资
2	160106	办公设备	核算公司应结转的办公设备投资
2	160107	家具	核算公司应结转的家具投资
2	160109	其他	核算公司应结转的其他办公及生活家具投资
1	1701	无形资产	—
2	170102	公路土地使用权	核算公司应结转的公路土地使用权投资

1. 分摊待摊费用

借:在建工程—项目投资工程—路基工程/路面工程/桥梁涵洞工程/交叉工程/隧道工程/公路设施及预埋管线工程/临时工程等

贷:在建工程—待摊投资—建设管理费/建设项目信息化费/设计文件审查费/工程监理费/竣(交)工验收费/研究试验费/专项评价(估)/建设项目前期工作费用/联合试运转费等

2. 结转固定资产

借:固定资产—公路及建筑物等

贷:在建工程—项目投资工程—路基工程/路面工程/桥梁涵洞工程/交叉工程/隧道工程/公路设施及预埋管线工程/临时工程等

在建工程—设备投资—设备购置费/办公生活用具购置等

3. 结转无形资产

借:无形资产—公路土地使用权

贷:在建工程—土地征用及迁移补偿费—征地拆迁工作经费/耕地开垦费/土地补偿费/青苗补偿费/安置补偿费/拆迁补偿费/森林植被恢复费/征地管理费/土地复垦及补偿费/城镇土地使用税/耕地占用税/被征地农民养老保险补贴/用地预审费/临时用地复垦方案编制费/压矿藏评估与补偿费/耕地占补平衡费/其他等

二十八、试运营期取得收入的会计处理

试运营期取得收入涉及的主要会计科目见表3-28。

试运营期取得收入涉及的主要会计科目　表3-28

级次	科目编码	科目名称	核算内容
1	1122	应收账款	—
2	112201	通行费	核算按清分数据确定的应收通行费收入
1	6001	营业收入	—
2	600101	通行费收入	核算运营期按清分数据确定的应收通行费收入
1	6112	其他收益	—
2	611201	政府补助	核算公司收到的政府补助
2	611204	代扣代缴手续费收入	核算公司收到的代扣代缴手续费返还收入及稳岗补贴等
2	600199	其他	核算公司发生的除主营业务收入以外的其他业务的收入

1. 试运营期通行费收入

(1)取得通行费清分数据时账务处理。

借:应收账款—通行费(客商:广西壮族自治区收费公路联网收费清分中心)

①简易计税项目。

贷:营业收入—通行费收入(不含税收入)

应交税费—简易计税(清分收入/1.05 ×3%)

②一般计税项目。

贷:营业收入—通行费收入

应交税费—应交增值税—销项税额

(2)通行费清分收入转入集团公司时,项目公司根据集团公司提供的往来账做如下账务处理。

借:应收账款—通行费(客商:集团公司)

贷:应收账款—通行费(客商:广西壮族自治区收费公路联网收费清分中心)

(3)项目公司收到集团公司拨付通行费账务处理。

借:银行存款

贷:应收账款—通行费(客商:集团公司)

现金流量项目:经营活动产生的现金流量—收到其他与经营活动有关的现金

2. 其他业务收入

借:银行存款

贷:营业收入—其他

应交税费—应交增值税—销项税额

现金流量项目:经营活动产生的现金流量—收到其他与经营活动有关的现金等(具体根据实际情况选择)

3. 收到代扣代缴手续费返还收入及稳岗补贴等

借:银行存款

贷:其他收益—代扣代缴手续费收入/其他

应交税费—应交增值税—销项税额

现金流量项目:投资活动产生的现金流量—收到其他与投资活动有关的现金

4. 收到财政补助收入

借:银行存款

贷:在建工程

应交税费—应交增值税—销项税额

现金流量项目:投资活动产生的现金流量—收到其他与投资活动有关的现金

二十九、支付试运营期成本的会计处理

支付试运营期成本涉及的主要会计科目见表3-29。

支付试运营期成本涉及的主要会计科目 表 3-29

级次	科目编码	科目名称	核算内容
1	6401	营业成本	—
2	640110	代理业务成本	—
3	64011001	委托管理	核算试运营期间支付给运营公司的委托管理费用

1. 简易计税项目

借：营业成本—代理业务成本—委托管理

贷：银行存款等

现金流量项目：经营活动产生的现金流量—支付其他与经营活动有关的现金

2. 一般计税项目

借：营业成本—代理业务成本—委托管理

应交税费—待认证进项税

贷：银行存款等

现金流量项目：经营活动产生的现金流量—支付其他与经营活动有关的现金

三十、年末结转运营期收入、成本的会计处理

年末结转运营期收入、成本涉及的主要会计科目见表 3-30。

年末结转运营期收入、成本涉及的主要会计科目 表 3-30

级次	科目编码	科目名称	核算内容
1	1604	本年利润	—

借：营业收入—通行费收入

贷：营业成本—代理业务成本—委托管理

本年利润

三十一、代建业务的会计处理

代建业务涉及的主要会计科目见表 3-31。

代建业务涉及的主要会计科目 表 3-31

级次	科目编码	科目名称	核算内容
1	1221	其他应收款	—
2	122199	其他	适用于集团内委托代建业务，建成资产归委托方所有。核算代建方代施工单位应向业主收取的工程款
1	2241	其他应付款	—

续上表

级次	科目编码	科目名称	核算内容
2	224199	其他	适用于集团内委托代建业务,建成资产归委托方所有。核算代建方代业主应向施工单位支付的工程款
1	1717	合同履约成本	核算代建业务发生的代建费用
1	6001	营业收入	—
2	600110	代理业务收入	核算营业执照经营范围中代建业务属于主营业务的代建收入
2	600199	其他	核算代建业务属于非主营业务的代建收入
1	6401	营业成本	—
2	640110	代理业务成本	—
3	64011004	项目代建	核算代建业务按工程进度需确认的属于主营业务的代建成本
1	64011099	其他	核算代建业务按工程进度需确认的属于非主营业务的代建成本

注意:建议合同约定发票开具给委托方,代建单位挂往来款。代建单位收到项目业主转来代建管理费做收入核算,代建业务产生的成本费用做支出核算,如有结余形成利润。

1. 结算合同款

借:其他应收款—其他(客商:业主)

贷:其他应付款—其他(客商:施工单位)

2. 收到业主拨付合同款

借:银行存款

贷:其他应收款—其他(客商:业主)

现金流量项目:经营活动产生的现金流量—收到其他与经营活动有关的现金

3. 支付施工单位合同款

借:其他应付款—其他(客商:施工单位)

贷:银行存款

现金流量项目:经营活动产生的现金流量—支付其他与经营活动有关的现金

4. 收到代建管理费

(1)若代建业务为公司营业执照经营范围内的主营业务

借:银行存款

贷:营业收入—代建管理费

应交税费—应交增值税—销项税额

现金流量项目:经营活动产生的现金流量—销售商品、提供劳务收到的现金

(2)若代建业务不属于公司主营业务

借:银行存款

　　贷:营业收入—其他

　　　　应交税费—应交增值税—销项税额

现金流量项目:经营活动产生的现金流量—收到其他与经营活动有关的现金

5.发生代建费用

借:合同履约成本

　　应交税费—应交增值税—进项税额

　　贷:银行存款

现金流量项目:经营活动产生的现金流量—购买商品、提供劳务支付的现金/支付其他与经营活动有关的现金

6.按工程进度确认代建费用

(1)主营业务

借:营业成本—代理业务成本—项目代建

　　贷:合同履约成本

(2)其他业务

借:营业成本—其他

　　贷:合同履约成本

三十二、开办费账务处理的会计处理

开办费账务处理涉及的主要会计科目见表3-32。

开办费账务处理涉及的主要会计科目　　表3-32

级次	科目编码	科目名称	核算内容
4	1604061004	在建工程—待摊投资—生产准备费—应急保通设备购置费	核算构成固定资产的管理养护设备购置费(含车辆)及其他机械设备
4	1604061001	在建工程—待摊投资—生产准备费—工器具购置费	核算不构成固定资产的管理养护设备购置费及其他机械设备
4	1604061002	在建工程—待摊投资—生产准备费—办公和生活用家具购置费	核算办公及生活家具、用具购置费
4	2241150201	其他应付款—通车试运营—成本—委托管理费	核算运营筹备管理经费
4	2241150202	其他应付款—通车试运营—成本—税金及附加	核算运营筹备期税金

续上表

级次	科目编码	科目名称	核算内容
4	2241150299	其他应付款—通车试运营—成本—其他	核算运营筹备期其他成本
3	16040609	在建工程—待摊投资—联合试运转费	核算年末结转试运营收入及成本

1. 开办费拨付

向实业公司、运营公司拨付开办费。

借:其他应收款—往来款(客商辅助:运营公司/实业公司;款项类别:开办费)

贷:银行存款

2. 开办费结算

收到实业公司、运营公司列账来的管理养护设备、办公及生活用具等购置费用。

借:在建工程—待摊投资—生产准备费—应急保通设备购置费/工器具购置费/办公和生活用家具购置费(项目辅助:××高速公路;客商辅助:运营公司/实业公司)

应交税费—待认证进项税

贷:其他应收款—往来款(客商辅助:运营公司/实业公司;款项类别:开办费)

注意:人员类经费及办公类经费由运营公司向项目公司开具委托管理费发票,按结算委托管养费的方式进行处理。

3. 开办费清算

若开办物资采购完成后,预付运营公司、实业公司的开办费仍有结余,应收回剩余开办费。

借:银行存款

贷:其他应收款—往来款(客商辅助:运营公司/实业公司;款项类别:开办费)

三十三、科研经费的会计处理

科研经费的会计处理内容如下。

1. 使用项目配套资金

在基建项目交付使用时,研发过程中形成的无形资产、固定资产要随其他资产一并交付使用。

(1)科研项目研究、开发阶段产生的相关支出

借:研发支出—资本化支出

贷:银行存款

(2)科研项目结题后,符合资本化条件

借:无形资产/固定资产

贷:研发支出—资本化支出

(3)科研项目无法区分研究阶段和开发阶段的支出,不符合和无法区分是否符合资本化条件

借:在建工程—待摊投资—研究试验费

贷:研发支出—资本化支出

2. 非使用项目配套资金

(1)科研项目研究阶段、无法区分研究或开发阶段产生的相关支出

①研发费用发生时。

借:研发支出—费用化支出

贷:银行存款

②期末结转。

借:研发费用

贷:研发支出—费用化支出

(2)科研项目开发阶段

①研发费用发生时。

借:研发支出—资本化支出

贷:银行存款

②达到资产确认条件时。

借:无形资产/固定资产

贷:研发支出—资本化支出

③不符合资产确认条件的。

借:管理费用

贷:研发支出—资本化支出

3. 科研项目研发涉及固定资产相关账务处理

因项目研发需要而购置的资产,所有权归科研项目承担单位所有。发生购买资产时,按照前面购买资产的会计处理进行核算。资产计提折旧,会计处理如下。

借:研发支出—资本化支出/费用化支出

贷:累计折旧/累计摊销

使用工程配套资金的,竣工验收前的无形资产摊销或固定资产折旧计入在建工程,竣工验收后的无形资产摊销或固定资产折旧计入当期损益。

4. 仅作为科研项目协作单位,不承担科研经费

(1)收到外单位转来的科研经费

借:银行存款

贷:其他应付款—其他

(2)开支科研经费时

借:其他应付款—其他

贷:银行存款

第三节　会计核算应注意的其他事项

一、检查月末计提、结转事项

会计人员应于每月末对应计提事项是否足额计提进行检查，如固定资产折旧、无形资产摊销、应付职工薪酬（工资、工会经费、职工教育经费）、福利费结转、长期待摊费用摊销、增值税期末结转、相关税金及附加计提、所得税费用计提、预计负债测算、借款利息计提等。

二、清理往来款项

会计人员应定期清理往来款项，并于会计年度终了时对各项债权债务进行核对。

（1）清理本年度集团内单位列垫支往来款项

存在外单位替本单位职工缴纳“五险二金”的，应及时按照列账单归还应付款项；存在本单位替外单位垫支“五险二金”的，应及时列账给对方收回应收款项。

（2）清理员工个人借款

会计人员应定期清理员工个人借款，超出公司规定期限的要督促其尽快报账或归还，除特殊原因外，原则上不允许出现跨年借款。

（3）清理集团外单位往来款

会计人员应定期梳理债权债务，对达到条件的应收应付款项要及时处理，未达到条件的其他应收应付款年末也要及时对账，检查与对方单位挂账金额是否一致。

三、资产盘点

会计人员应配合公司资产管理部门于年中、年末对固定资产进行实地盘点，并出具盘点报告。

四、结转损益

确认完成各项月末计提、摊销，并检查账证相符、账实相符、账账相符后方可进行期末结转。

（1）将各项收益类科目余额结转入本年利润科目的贷方（月末）

借：营业收入

　　营业外收入

　　其他收益等

　　贷：本年利润

(2)将各项支出科目的余额转入本年利润科目的借方(月末)

借:本年利润

贷:营业成本

税金及附加

营业外支出

销售费用

管理费用

财务费用等

(3)确认本期所得税费用

借:所得税费用

贷:应交税费—企业所得税—应交企业所得税

(4)将所得税费用转入本年利润科目的借方

借:本年利润

贷:所得税费用

(5)将本年利润科目余额结转至利润分配—未分配利润(年末)

如盈利:

借:本年利润

贷:利润分配—未分配利润

如亏损:

借:利润分配—未分配利润

贷:本年利润

(6)按当年税后净利润提取10%的法定盈余公积

借:利润分配—提取法定盈余公积

贷:盈余公积—法定盈余公积

注意:一是当企业提取的法定盈余公积达到注册资本的50%时,可以不再提取;二是如当年亏损,则无须提取;三是如有税法规定期限内未弥补的亏损,本年利润先用于补亏后再提取盈余公积;四是如无须补亏,则以本年实现的净利润为计算基数提取盈余公积。

(7)结转盈余公积

借:利润分配—未分配利润

贷:利润分配—提取法定盈余公积

注意:需把利润分配科目下其他明细科目余额全部转入未分配利润明细科目,结转后其他明细科目均无余额。

第四章 税务管理

第一节 基本税务登记

一、税务登记的对象、地点和时间

(一)税务登记的对象

项目公司属于从事生产、经营的纳税人,均应当按照《中华人民共和国税收征收管理法》《中华人民共和国税收征收管理法实施细则》《税务登记管理办法》的规定办理税务登记;同时属于税收法律、行政法规规定的扣缴义务人,应按规定办理扣缴税款登记。

(二)税务登记的地点

从事生产、经营的纳税人应向生产、经营所在地税务机关申报办理税务登记。因此,项目公司应将营业执照上注册登记的住所作为生产、经营所在地,并向当地主管税务机关进行税务登记。

(三)税务登记的时间

根据《中华人民共和国税收征收管理法》第十五条的有关规定,项目公司自领取营业执照之日起三十日内,持有关证件,向税务机关申报办理税务登记。

二、税务登记事项

纳税人在申报办理税务登记时,应当如实填写税务登记表。税务登记内容包括:单位名称;法定代表人或者业主姓名及其居民身份证、护照或者他合法证件的号码;住所、经营地点;登记类型;核算方式;生产经营方式;生产经营范围;注册资金(资本)、投资总额;生产经营期限;财务负责人、联系电话;国家税务总局确定的其他有关事项。

税务登记所需要提供的证件及资料:代码证书("三证合一"的只需提供营业执照);法定代表人或负责人或业主的居民身份证、护照或者其他合法证件。

税务登记办理渠道:一是国家税务总局广西壮族自治区电子税务局→我要办税→个性化

办税→套餐及组合业务→新办纳税人套餐→税务登记表；二是微信公众号广西税务 12366→税费业务→移动办税→新办纳税人套餐→税务登记表；三是携带税务登记所需要提供的证件及资料到大厅人工办理。

实名认证：办理税务登记时，企业相关人员进行实名认证后方可办理发票领用等涉税事项。实名认证人员包括法定代表人（业主、负责人）、财务负责人、办税员、购票人。

实名认证办理渠道：一是通过微信公众号广西税务 12366→移动办税→我的→实名信息采集完成人脸大头照片采集、身份证件采集，实名信息同步；二是相关人员携带身份证原件到税务大厅人工办理采集认证登记。

三、税款缴纳方式备案

根据《中华人民共和国税收征收管理法》第十七条的规定：从事生产、经营的纳税人应当按照国家有关规定，持税务登记证件，在银行或者其他金融机构开立基本存款账户和其他存款账户，并将其全部账号向税务机关报告。申请“三方协议”签订之前，必须先进行存款账户报告，否则不能申请办理该业务。

存款账户报备方法：国家税务总局广西壮族自治区电子税务局→我要办税→综合信息报告→制度信息报告→填报《纳税人存款账户报告》→上传相关开户资料附件。

“三方协议”签订方法：一是网签“三方协议”，登录国家税务总局广西壮族自治区电子税务局→我要办税→综合信息报告→制度信息报告→网签三方协议，填写提交相关开户行信息→打印协议书并盖章→联系开户行完成后续业务办理。二是前往税务大厅获取“三方协议”书并盖章→银行办理对接→税务大厅进行验证并通过。

四、刻制发票专用章

携带营业执照原件、法人身份证复印件、公章到公安局指定相关刻章单位刻制发票专用章。发票专用章刻制好后，到税务大厅进行发票专用章登记，同时登记电子发票专用章，并上传至税务系统。

五、一般纳税人认定

项目公司在完成税务登记后，税务系统默认为小规模纳税人，根据集团公司税务管理要求申请变更认定为一般纳税人。项目公司可在电子税务局进行税务登记变更，或携带营业执照原件前往税务大厅填写“税务变更登记表”并交由税务机关进行变更登记。项目公司登记为一般纳税人后，一般不得转为小规模纳税人，国家税务总局另有规定的除外（认定流程参考附件 1）。

六、增值税简易计税法备案

根据《财政部 税务总局关于全面推开营业税改征增值税试点的通知》（财税〔2016〕36

号)的规定,在2016年4月30日前开工的项目可以选择简易计税方法。目前,增值税简易计税法已取消备案制,但项目公司需留存施工合同和开工许可证等相关证件信息备查,同时在税务申报时选择简易计税的税率进行申报。

七、税(费)种认定

完成基本税务登记后,税务系统将会根据营业执照的经营范围自动进行税(费)种认定。如果因税务系统原因未自动认定税(费)种的情况,目前只能在税务大厅办理重新认定手续。需携带营业执照原件和公章到税务大厅,交由税务机关人员在系统补录认定。

八、企业开办涉税事项办理参考流程

企业开办涉税事项办理参考流程如图4-1所示。

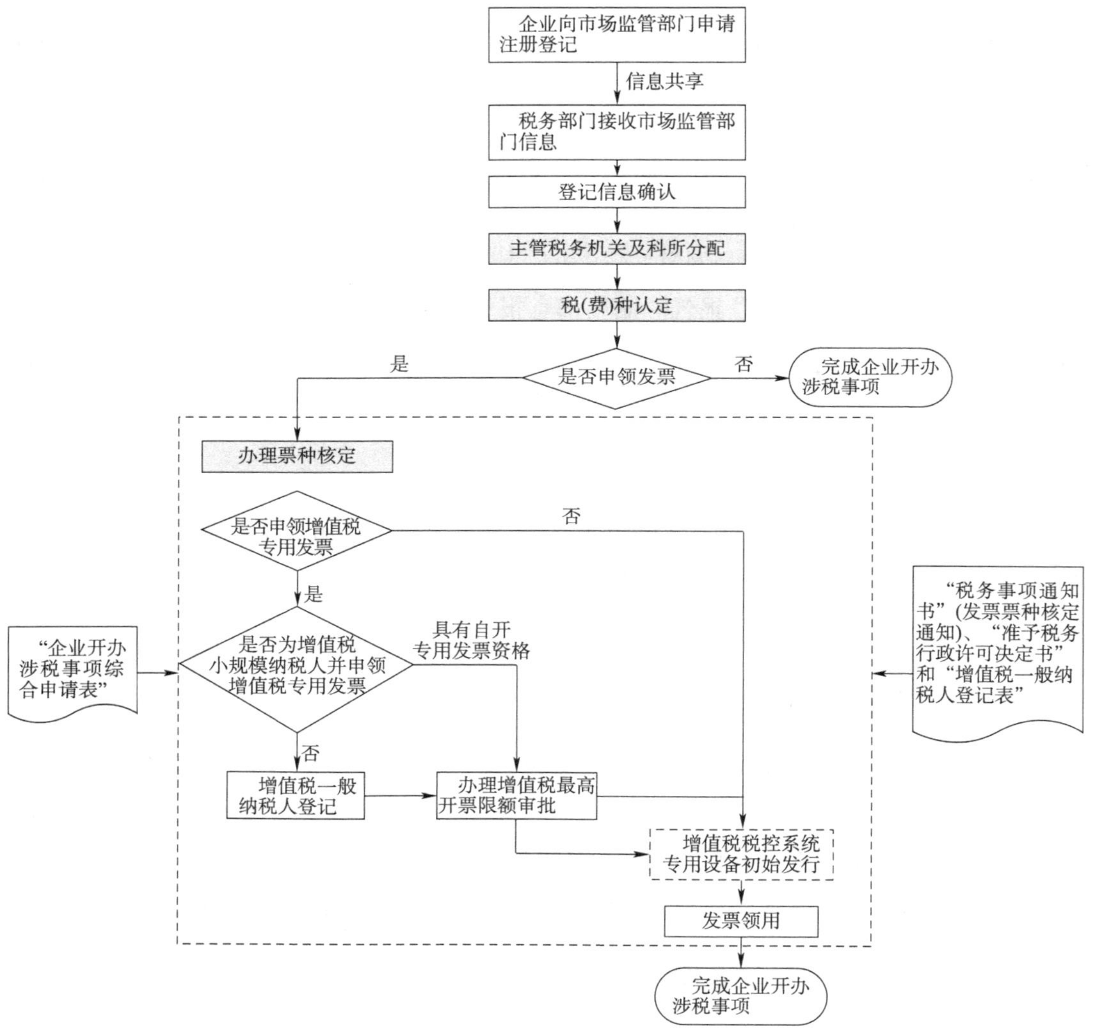

图4-1 企业开办涉税事项办理参考流程

第二节 发票管理

一、发票申请及领购

首次申领增值税发票需办理以下业务：税控系统专用设备购买与发行、票种及最高开票限额核定、发票领购等。

（一）税控系统专用设备购买与发行

项目公司到税控设备公司签订购销及技术服务合同，所需材料为营业执照复印件、法人或经办人身份证复印件、公章或发票专用章。

项目公司到主管税局机关办理税控盘的发行激活，所需材料为："发票票种核定表"1份（盖公章、发票专用章）、营业执照原件、经办人身份证原件。

（二）票种及最高开票限额核定

首次核定增值税专用发票最高开票限额不超过10万元，每月最高领用数量不超过25份；增值税普通发票最高开票限额不超过10万元，每月最高领用数量不超过50份。若要提高领用发票数量、开具发票最高限额，可向税务机关提交申请。税务机关将根据纳税人经营业务情况核定纳税人最高领用发票数量，开具发票最高限额。

目前，根据业务需求涉及开票并办理发票领购的主要为通车项目公司。通车项目根据项目收费业务核定的发票种类为通行费电子普通发票、通用机打发票、定额发票。另外，部分项目根据自身业务情况也核定了增值税普通发票和增值税专用发票。在主管税务机关办理发票核定时，购票员填写"纳税人领用发票票种核定表"并加盖公章和发票专用章，提交至税务机关进行审核，审核完毕后发放发票领购簿。

（三）发票领购

项目公司应当持税务登记证件（营业执照）、经办人身份证明、发票专用章的印模，向主管税务机关办理发票领购手续。

需临时使用发票的项目公司，可以凭购销商品、提供或者接受服务以及从事其他经营活动的书面证明、经办人身份证明，直接向经营地税务机关申请代开发票。依照税收法律、行政法规规定需缴纳税款的，税务机关按要求先征收税款，再开具发票。

发票领购方式是指批量供应、交旧购新或者验旧购新等方式。项目公司办税员负责办理发票验旧购新事项，根据需求填写发票领购审批表（附件2），经单位财务部门负责人审批后，递交到税务大厅。

通行费类的冠名发票需根据车流用票情况至少提前一个月申领。通行费电子普通发票、通用机打发票、定额发票详细申购流程见附件3。

二、发票取得管理

（一）取得发票的管理

办税员对每月取得的增值税专用发票建立台账管理，填写发票清单（附件4），并在发票状态栏注明是否认证，原则上要求每月进行认证（有增值税增量留抵退税筹划需求的除外）。

认证完成后，办税员从税务系统导出已认证发票清单，汇总可抵扣进项税额，同时会计需将该清单中的进项税额与财务账科目余额表中“应交税费—应交增值税（进项税）”科目进行比对复核，确保无误。增值税专用发票认证注意事项详见附件5。

发票清单中暂未认证的增值税发票，会计每月末应进行复核，检查是否与“应交税费—待认证进项税额”科目金额相符。

办税员每月编制税金计提表（附件6），签字确认后交给会计复核，会计复核无误后，报部门负责人及分管领导审批，经批准后办税员方可按照该计提表进行纳税申报。

（二）开具发票的管理

1. 发票领用

财务部指定开票员及复核员，发票填开及复核工作实行职务分离，发票领回后由复核员保管，建立发票库存台账（附件7），开票员按需领用。

2. 发票开具必须严格遵守相关规定

开具发票时，各栏内容应填写真实、完整，包括客户名称、项目、数量、单位、金额等，并加盖发票专用章。

一般情况下，已确认收到款项方能开具发票，未收到款项需提前开具发票的，除合同约定外，还需取得财务部门负责人和分管财务领导批准。

开错的发票不得撕毁，应在全部联次上注明“作废”字样，并妥善保管。

严禁开具与实际业务不相符的发票，严禁超范围使用发票；不得转借、转让、跳号或开具空白发票。

（三）发票保管和缴销

各单位要指定专人负责发票的保管、发放、领用、归还工作。发票保管人员对所领取的发票必须妥善保管，开出发票经复核人审核后方可移交给公司业务经办人，移交时必须办理发票签收手续，填写发票签收登记表（附件8）。复核员必须每日清点库存发票与库存台账是否一致，如不一致必须查明原因。发生遗失必须立即上报，同时于发现丢失当日书面报告税务机关，并登报声明作废。

发票保管人出现离职或换岗的，必须做好发票的交接和盘点工作，由接管人重新签名领用。

单位在办理变更或者注销税务登记的同时，办理发票和发票领购簿的变更、缴销手续。

三、增值税电子发票管理

根据《国家税务总局关于在新办纳税人中实行增值税专用发票电子化有关事项的公告》(国家税务总局公告2020年第22号),自2021年1月21日起,广西新办纳税人实行专票电子化,受票方范围为全国。

税务机关按照电子专票和纸质专票的合计数,为纳税人核定增值税专用发票领用数量。电子专票和纸质专票的最高开票限额应当相同。

电子专票由自治区税务局监制,采用电子签名代替发票专用章,属于增值税专用发票,其法律效力、基本用途、基本使用规定等与增值税纸质专用发票相同。纳税人开具增值税专用发票时,既可以开具电子专票,也可以开具纸质专票。受票方索取纸质专票的,开票方应当开具纸质专票。

纳税人开具电子专票后,发生销货退回、开票有误、应税服务中止、销售折让等情形,可以开具红字电子专票。相较于红字纸质专票的开具流程,纳税人在开具红字电子专票时,无须追回已经开具的蓝字电子专票。

纳税人如需要检验电子发票的真伪,可通过全国增值税发票查验平台(https://inv-veri.chinatax.gov.cn)对电子专票信息进行查验;也可通过全国增值税发票查验平台下载增值税电子发票版式文件阅读器,查阅电子专票并验证电子签名的有效性。

增值税电子发票档案管理按照《财政部 国家档案局关于规范电子会计凭证报销入账归档的通知》(财会〔2020〕6号)的规定执行。项目公司对使用电子发票的纸质打印件作为报销入账归档凭证的,必须同时保存该纸质打印件的电子发票原件,并建立电子发票凭证与相关联会计档案的检索关系。

第三节　企业所得税

一、纳税义务人、项目及税率

取得通行费收入、手续费返还、稳岗补贴、处置资产收益等收入性质的项目公司,均属于企业所得税的纳税义务人。

项目公司所得主要包括销售货物所得,提供劳务所得,转让财产所得,股息、红利等权益性投资所得,利息所得,租金所得,特许权使用费所得,接受捐赠所得,其他所得。现行企业所得税的基本税率为25%。

二、税额计算

税额计算公式如下:

应纳税所得额=收入总额-不征税收入-免税收入-各项扣除-允许弥补的以前年度亏损

三、税前扣除

（一）税前扣除项目

成本，是指销售商品、提供劳务、转让固定资产、无形资产（包括技术转让）的成本。

费用，是指每一个纳税年度为生产、经营商品和提供劳务等所发生的销售（经营）费用、管理费用和财务费用。已经计入成本的有关费用除外。

税金，是指发生的除企业所得税和允许抵扣的增值税以外的各项税金及其附加，即按规定缴纳的城市维护建设税、资源税、土地增值税、房产税、车船税、土地使用税、印花税、教育费附加等，项目公司建设期内发生的各类税金及附加计入在建工程，形成固定资产后再通过折旧或摊销扣除。

损失，是指在生产经营活动中发生的固定资产和存货的盘亏、毁损、报废损失，转让财产损失，呆账损失，坏账损失，自然灾害等不可抗力因素造成的损失以及其他损失，减除责任人赔偿和保险赔款后的余额，依照国务院财政、税务主管部门的规定扣除。

（二）扣除项目及其标准

1. 工资、薪金支出

合理的工资、薪金支出准予据实扣除。

因雇用季节工、临时工、实习生、返聘离退休人员以及接受外部劳务派遣用工所实际发生的费用，应区分为工资、薪金支出和职工福利费支出。

在年度汇算清缴结束前向员工实际支付的已预提汇缴年度工资、薪金，准予在汇缴年度按规定扣除。

接受外部劳务派遣用工所实际发生的费用，应分两种情况，按规定在税前扣除：一是按照协议（合同）约定直接支付给劳务派遣公司的费用，应作为劳务费支出；二是直接支付给员工个人的费用，应作为工资、薪金支出和职工福利费支出。

2. 职工福利费、工会经费、职工教育经费

发生的职工福利费，不超过工资、薪金总额 14% 的部分准予扣除。

拨缴的工会经费，不超过工资、薪金总额 2% 的部分准予扣除。

发生的职工教育经费支出，自 2018 年 1 月 1 日起不超过工资、薪金总额 8% 的部分，准予扣除；超过部分，准予在以后纳税年度结转扣除。

3. 社会保险费

依照政府规定的范围和标准为职工缴纳的“五险一金”，即基本养老保险费、基本医疗保险费、失业保险费、工伤保险费、生育保险费等基本社会保险费和住房公积金，准予扣除。

为职工支付的补充养老保险费、补充医疗保险费，在国务院财政、税务主管部门规定的范围和标准内，准予扣除。企业依照国家有关规定为特殊工种职工支付的人身安全保险费

和符合国务院财政、税务主管部门规定可以扣除的商业保险费准予扣除。项目公司支付的企业年金(补充养老保险)、补充医疗保险费,分别在不超过职工工资总额5%的标准内的部分,在计算应纳税所得额时准予扣除;超过的部分,不予扣除。

企业参加财产保险,按照规定缴纳的保险费,准予扣除。企业为投资者或者职工支付的商业保险费,不得扣除。

4. 利息费用

项目公司向金融企业借款的利息支出、经批准发行债券的利息支出可据实扣除。

项目公司向非金融企业借款的利息支出,不超过按照金融企业同期同类贷款利率计算的数额的部分可据实扣除,超过部分不许扣除。

《中华人民共和国企业所得税法》第四十一条规定:“企业与其关联方之间的业务往来,不符合独立交易原则而减少企业或者其关联方应纳税收入或者所得额的,税务机关有权按照合理方法调整。”资金提供方应按独立交易原则视同为借款方提供贷款服务,按同期同类贷款利率计算利息收入并依法纳税,借款方符合条件的利息支出可作为成本费用进行税前列支。

5. 借款费用

在建设及运营期内发生合理的不需要资本化的借款费用,准予扣除。

为购置、建造固定资产和无形资产的,在有关资产购置、建造期间发生的合理的借款费用,应予以资本化,作为资本性支出计入有关资产的成本;转成固定资产或无形资产交付使用后发生的借款利息,可在发生当期扣除。

通过发行债券、取得贷款等方式融资而发生的合理的费用支出,符合资本化条件的,应计入相关资产成本;不符合资本化条件的,应作为财务费用,在企业所得税税前据实扣除。

6. 业务招待费

项目公司发生的与生产经营活动有关的业务招待费支出,按照发生额的60%扣除,但最高不得超过当年营业收入的5‰。

7. 广告费和业务宣传费

发生的符合条件的广告费和业务宣传费支出,除另有规定外,不超过当年销售(营业)收入15%的部分,准予扣除;超过部分,准予结转以后纳税年度扣除。

8. 公益性捐赠

企业发生的公益性捐赠支出,不超过年度利润总额12%的部分,准予扣除;超过年度利润总额12%的部分,准予以后3年内在计算应纳税所得额时结转扣除。

9. 其他扣除项目

其他扣除项目如差旅费、办公费、保险费、租赁费、劳动保护费、手续费等,依照有关税法规定准予扣除。

10. 不得扣除的项目

(1)向投资者支付的股息、红利等权益性投资收益款项。

(2)企业所得税税款。

(3)税收滞纳金,是指项目公司违反税收法规,被税务机关处以的滞纳金。

(4)罚金、罚款和被没收财物的损失,是指项目公司违反国家有关法律、法规规定,被有关部门处以的罚款,以及被司法机关处以的罚金和被没收的财物。

(5)超过规定标准的捐赠支出。

(6)赞助支出,是指发生与生产经营活动无关的各种非广告性质的支出。

(7)未经核定的准备金支出,是指不符合国务院财政、税务主管部门规定的各项资产减值准备、风险准备等准备金支出。

(8)项目公司之间支付的管理费、项目公司内营业机构之间支付的租金和特许权使用费,以及非银行企业内营业机构之间支付的利息。

(9)与取得收入无关的其他支出。

(10)亏损弥补。亏损,是指每一纳税年度的收入总额减除不征税收入、免税收入和各项扣除后小于零的数额。某一纳税年度发生的亏损可以用下一年度的所得弥补,下一年度的所得不足以弥补的,可以逐年延续弥补,但最长不得超过5年。

四、税法规定与会计规定差异的处理

税法规定与会计规定差异的处理,是指在计算应纳税所得额时,企业会计规定与税法规定不一致的,应当依照税法规定予以调整,即平时可以按会计制度的有关规定进行账务处理,但在申报纳税时,对税法规定和会计制度规定有差异的,要按税法的规定进行纳税调整。

五、税额计算

税额计算方法如下:

应纳税额=应纳税所得额×适用税率-减免税额-抵免税额

六、优惠政策

1.从事国家重点扶持的公共基础设施项目投资经营的所得

《中华人民共和国企业所得税法》所称国家重点扶持的公共基础设施项目,是指《公共基础设施项目企业所得税优惠目录(2008年版)》规定的港口码头、机场、铁路、公路、电力、水利等项目。

项目公司从事国家重点扶持的公共基础设施项目的投资经营的所得,自取得第一笔生产经营收入所属纳税年度起,第1年至第3年免征企业所得税,第4年至第6年减半征收企业所得税(以下简称“三免三减半”)。第一笔生产经营收入,是指公共基础设施项目建成并投入运营(包括试运营)后所取得的第一笔主营业务收入。

项目公司承包经营、承包建设和内部自建自用上述规定的项目,不得享受上述规定的企业所得税优惠。

项目公司投资经营符合《公共基础设施项目企业所得税优惠目录(2008 年版)》规定条件和标准的公共基础设施项目,采用一次核准、分批次建设(如各路段等),凡符合条件的,可按每一批次为单位计算所得,并享受企业所得税“三免三减半”优惠。

2. 小型微利企业优惠

小型微利企业认定:项目公司认定的条件是同时符合年度应纳税所得额不超过 300 万元、从业人数不超过 300 人、资产总额不超过 5000 万元等 3 个条件。小型微利企业可享受按 20% 的税率征收企业所得税的优惠政策。

3. 税额抵免优惠

税额抵免,是指项目公司购置并实际使用《环境保护专用设备企业所得税优惠目录(2017 年版)》《节能节水专用设备企业所得税优惠目录(2017 年版)》《安全生产专用设备企业所得税优惠目录(2018 年版)》规定的环境保护、节能节水、安全生产等专用设备的,该专用设备的投资额的 10% 可以从企业当年的应纳税额中抵免;当年不足抵免的,可以在以后 5 个纳税年度结转抵免。如增值税进项税额允许抵扣,其专用设备不再包括增值税进项税额;如增值税进项税额不允许抵扣,其专用设备投资额应为增值税专用发票上注明的价税合计金额。企业购买专用设备取得普通发票的,其专用设备投资额为普通发票上注明的金额。

4. 西部大开发的税收优惠

按照《财政部 税务总局 国家发展改革委关于延续西部大开发企业所得税政策的公告》(财政部公告 2020 年第 23 号)的规定,对设在西部地区的鼓励类产业企业,2021 年 1 月 1 日至 2030 年 12 月 31 日,按 15% 的税率征收企业所得税。鼓励类产业企业是指以《西部地区鼓励类产业目录(2020 年本)》中规定的产业项目为主营业务,且其主营业务收入占企业收入总额 60% 以上的企业。

根据《西部地区鼓励类产业目录(2020 年本)》第一部分:国家现有产业目录中的鼓励类产业包括《产业结构调整指导目录(2019 年本)》中的鼓励类产业,该目录中第二十四条“公路及道路运输”中包括:国家高速公路网项目建设和国省干线改造升级。

5. 研发费加计扣除优惠

根据《关于延长部分税收优惠政策执行期限的公告》(财政部 税务总局公告 2022 年第 4 号)的规定,研发费用加计扣除政策的执行期限延长至 2023 年 12 月 31 日。项目公司按照非制造业企业享受优惠政策,未形成无形资产计入当期损益的,在按照规定据实扣除的基础上,再按照研究开发费用的 75% 加计扣除;形成无形资产的,按照无形资产成本的 175% 摊销,可以加计扣除的研究开发费用按下列相关规定执行:

(1)人员人工费用。人员人工费用是指直接从事研发活动人员的工资、薪金,基本养老保险费、基本医疗保险费、失业保险费、工伤保险费、生育保险费和住房公积金以及外聘研发人员的劳务费用。

(2)直接投入费用。直接投入费用是指研发活动直接消耗的材料、燃料和动力费用;用于中间试验和产品试制的模具、工艺装备开发及制造费，不构成固定资产的样品、样机及一般测试手段购置费，试制产品的检验费；用于研发活动的仪器、设备的运行维护、调整、检验、维修等费用，以及通过经营租赁方式租入的用于研发活动的仪器、设备租赁费。

(3)折旧费用和无形资产摊销费用。折旧费用是指用于研发活动的仪器、设备的折旧费；无形资产摊销费用是指用于研发活动的软件、专利权、非专利技术(包括许可证、专有技术等)的摊销费用。

(4)新产品设计费、新工艺规程制定费、勘探开发技术现场试验费。上述费用指企业在新产品设计、新工艺规程制定、勘探开发技术的现场试验过程中发生的与开展该项活动有关的各类费用。

(5)其他相关费用。其他相关费用是指与研发活动直接相关的其他费用，如技术图书资料费、资料翻译费、专家咨询费、高新科技研发保险费，研发成果的检索、分析、评议、论证、鉴定、评审、评估、验收费用，知识产权的申请费、注册费、代理费、差旅费、会议费、职工福利费、补充养老保险费、补充医疗保险费。其他相关费用的总额不得超过可加计扣除研发费用总额的10%。

研发费加计扣除税收优惠参考政策的依据为《国家税务总局关于研发费用税前加计扣除归集范围有关问题的公告》(国家税务总局公告2017年第40号)。

七、申报及缴纳

1. 纳税地点

除税收法律、行政法规另有规定外，以项目公司登记注册地为纳税地点。

2. 纳税期限

企业所得税按年计征，分月或者分季预缴；年终汇算清缴，多退少补。

企业所得税的纳税年度，自公历1月1日起至12月31日止。项目公司在一个纳税年度的中间开业，或者由于合并、关闭等原因终止经营活动，使该纳税年度的实际经营期不足12个月的，应当以其实际经营期为1个纳税年度。企业清算时，应当以清算期间作为1个纳税年度。

项目公司可自年度终了之日起5个月内，向税务机关报送年度企业所得税纳税申报表，并汇算清缴，结清应缴应退税款。

3. 纳税申报及操作流程

按月或按季预缴的，应当自月份或者季度终了之日起15日内，向税务机关报送预缴企业所得税纳税申报表，预缴税款；在报送企业所得税纳税申报表时，应当按照规定附送财务会计报告和其他有关资料；企业应当在办理注销登记前，就其清算所得向税务机关申报并依法缴纳企业所得税；项目公司在纳税年度内无论盈利或者亏损，都应当依照规定的期限向税务机关报送预缴企业所得税纳税申报表(表4-1)、年度企业所得税纳税申报表、财务会计报告和税务机关规定应当报送的其他有关资料。

中华人民共和国企业所得税年度纳税申报表(A类)　　表4-1

行次	类别	项目	金额
1	利润总额计算	一、营业收入(填写A101010/101020/103000)	
2		减:营业成本(填写A102010/102020/103000)	
3		减:税金及附加	
4		减:销售费用(填写A104000)	
5		减:管理费用(填写A104000)	
6		减:财务费用(填写A104000)	
7		减:资产减值损失	
8		加:公允价值变动收益	
9		加:投资收益	
10		二、营业利润(1-2-3-4-5-6-7+8+9)	
11		加:营业外收入(填写A101010/101020/103000)	
12		减:营业外支出(填写A102010/102020/103000)	
13		三、利润总额(10+11-12)	
14	应纳税所得额计算	减:境外所得(填写A108010)	
15		加:纳税调整增加额(填写A105000)	
16		减:纳税调整减少额(填写A105000)	
17		减:免税、减计收入及加计扣除(填写A107010)	
18		加:境外应税所得抵减境内亏损(填写A108000)	
19		四、纳税调整后所得(13-14+15-16-17+18)	
20		减:所得减免(填写A107020)	
21		减:弥补以前年度亏损(填写A106000)	
22		减:抵扣应纳税所得额(填写A107030)	
23		五、应纳税所得额(19-20-21-22)	
24	应纳税额计算	税率(25%)	
25		六、应纳所得税额(23×24)	
26		减:减免所得税额(填写A107040)	
27		减:抵免所得税额(填写A107050)	
28		七、应纳税额(25-26-27)	
29		加:境外所得应纳所得税额(填写A108000)	
30		减:境外所得抵免所得税额(填写A108000)	
31		八、实际应纳所得税额(28+29-30)	
32		减:本年累计实际已缴纳的所得税额	
33		九、本年应补(退)所得税额(31-32)	

续上表

行次	类别	项目	金额
34	利润总额计算	其中:总机构分摊本年应补(退)所得税额(填写 A109000)	
35		财政集中分配本年应补(退)所得税额(填写 A109000)	
36		总机构主体生产经营部门分摊本年应补(退)所得税额(填写 A109000)	

八、特殊规定及注意事项

1. 不征税收入

不征税收入指依法收取并纳入财政管理的行政事业性收费、政府性基金。不征税收入用于支出所形成的各项费用,不得在计算应纳税所得额时扣除。项目公司从政府部门取得与公路通行费密切相关的补助款应作为企业所得税的应税收入计算缴纳企业所得税。满足以下条件的可作为不征税收入,在计算应纳税所得额时从收入总额中减除:

(1)企业能够提供规定资金专项用途的资金拨付文件。

(2)财政部门或其他拨付资金的政府部门对该资金有专门的资金管理办法或具体管理要求。

(3)企业对该资金以及以该资金发生的支出单独进行核算。

2. 免税收入

免税收入主要包括国债利息收入、符合条件的居民企业之间的股息红利等权益性收益等。

九、热点问题及解答

(1)问:项目公司在当年度实际发生的相关成本、费用,由于各种原因未能及时取得该成本、费用等有效凭证的,在企业所得税季度预缴和汇算清缴时,应如何处理?

答:根据《国家税务总局关于企业所得税若干问题的公告》(国家税务总局公告 2011 年第 34 号)、《中华人民共和国企业所得税法》以及《中华人民共和国企业所得税法实施条例》的有关规定,企业当年度实际发生的相关成本、费用,由于各种原因未能及时取得该成本、费用的有效凭证,企业在预缴季度所得税时,可暂按账面发生金额进行核算;但在汇算清缴时,应补充提供该成本、费用的有效凭证。

(2)问:项目试运营期间收取的通行费收入及成本费用是否需要申报企业所得税?

答:根据《企业所得税汇算清缴管理办法》(国税发〔2009〕79 号)第三条,凡在纳税年度内从事生产、经营(包括试生产、试经营),或在纳税年度中间终止经营活动的纳税人,无论是否在减税、免税期间,也无论盈利或亏损,均应按照企业所得税法及其实施条例和本办法的有关规定进行企业所得税汇算清缴。据此,通车后至竣工结算前的试运营期间取得的通行费收入及发生的成本也应计入当期应纳税所得额。

(3)问:项目在建设期是否缴纳企业所得税?

答:根据《企业会计准则第4号——固定资产》的规定,自行建造固定资产的成本,由建造该项资产达到预定可使用状态前所发生的必要支出构成应计入固定资产成本。通常情况下,项目公司在建设期间发生的必要支出按资本化处理,通车前也未取得生产经营性收入,但项目公司如果取得《中华人民共和国企业所得税法》第六条列示的征税项目对应的收入,如项目公司在建设期间内取得的处置固定资产净损益、收到的个税手续费返还、确实无法偿付的应付款项、场地租金、捐赠收入等,也需要申报并缴纳企业所得税。

十、会计处理

本节涉税事项相关账务处理如下。

(1)每月(季)计提

借:所得税费用

　　贷:应交税费—企业所得税—应交企业所得税

(2)每月(季)缴纳

借:应交税费—企业所得税—应交企业所得税

　　贷:银行存款

第四节　个人所得税

一、纳税义务人、扣缴义务人及征税项目

1. 纳税义务人

居民个人从中国境内和境外取得的所得,依照规定缴纳个人所得税,以所得人为纳税人。

2. 扣缴义务人

项目公司为职工支付工资、薪金以及向居民个人支付劳务报酬所得、稿酬所得、特许权使用费等所得时,应当履行代扣代缴个人所得税义务。

3. 征税项目

个人所得税的征税项目包括:

(1)工资、薪金所得。

(2)劳务报酬所得。

(3)稿酬所得。

(4)特许权使用费所得。

(5)经营所得。

(6)利息、股息、红利所得。

(7)财产租赁所得。

(8)财产转让所得。

(9)偶然所得。

居民个人取得上述第(1)项至第(4)项所得(以下简称“综合所得”),按纳税年度合并计算个人所得税;纳税人取得上述第(5)项至第(9)项所得,依照规定分别计算个人所得税。

二、税率及应纳税所得额

(1)个人所得税综合所得,适用3%~45%的超额累进税率(表4-2)。

个人所得税预扣率(居民个人工资、薪金所得预扣预缴适用) 表4-2

级数	累计预扣预缴应纳税所得额	预扣率(%)	速算扣除数
1	不超过36000元的部分	3	0
2	超过36000元至144000元的部分	10	2520
3	超过144000元至300000元的部分	20	16920
4	超过300000元至420000元的部分	25	31920
5	超过420000元至660000元的部分	30	52920
6	超过660000元至960000元的部分	35	85920
7	超过960000元的部分	45	181920

(2)个人所得税经营所得,适用5%~35%的超额累进税率(表4-3)。

个人所得税预扣率(个人所得税经营所得预扣预缴适用) 表4-3

级数	全年应纳税所得额	税率(%)	速算扣除数
1	不超过30000元的部分	5	0
2	超过30000元至90000元的部分	10	1500
3	超过90000元至300000元的部分	20	10500
4	超过300000元至500000元的部分	30	40500
5	超过500000元的部分	35	65500

(3)个人所得税劳务报酬所得适用20%~40%的超额累进预扣率,稿酬所得、特许权使用费所得适用20%的比例预扣率(劳务报酬所得、稿酬所得、特许权使用费所得,以每次收入额为预扣预缴应纳税所得额)(表4-4)。

个人所得税预扣率(居民个人劳务报酬所得预扣预缴适用) 表4-4

级数	累计预扣预缴应纳税所得额	预扣率(%)	速算扣除数
1	不超过20000元的部分	20	0
2	超过20000元至50000元的部分	30	2000
3	超过50000元的部分	40	7000

利息、股息、红利所得，财产租赁所得，财产转让所得和偶然所得，适用比例税率，税率为 20%。

三、应纳税所得额的计算

居民个人的综合所得，以每一纳税年度的收入额减除费用 6 万元以及专项扣除、专项附加扣除和依法确定的其他扣除后的余额，为应纳税所得额。

经营所得，以每一纳税年度的收入总额减除成本、费用以及损失后的余额，为应纳税所得额。

财产租赁所得，每次收入不超过 4000 元的，减除费用 800 元；4000 元以上的，减除 20% 的费用，其余额为应纳税所得额。

财产转让所得，以转让财产的收入额减除财产原值和合理费用后的余额，为应纳税所得额。

利息、股息、红利所得和偶然所得，以每次收入额为应纳税所得额。

劳务报酬所得、稿酬所得、特许权使用费所得以收入减除 20% 的费用后的余额为收入额。稿酬所得的收入额减按 70% 计算。

个人将其所得对教育、扶贫、济困等公益慈善事业进行捐赠，捐赠额未超过纳税人申报的应纳税所得额 30% 的部分，可以从其应纳税所得额中扣除；国务院规定对公益慈善事业捐赠实行全额税前扣除的，从其规定。

四、专项扣除及专项附加扣除

专项扣除为按照标准缴纳的基本养老保险、基本医疗保险、失业保险等社会保险费和住房公积金等；专项附加扣除，包括子女教育、继续教育、大病医疗、住房贷款利息或者住房租金、赡养老人、照护婴幼儿等支出。专项附加扣除具体规定如下。

1. 子女教育

纳税人年满 3 岁的子女接受学前教育和学历教育的相关支出，按照每个子女每月 1000 元（每年 12000 元）的标准定额扣除。父母可以选择由其中一方按扣除标准的 100% 扣除，也可以选择由双方分别按扣除标准的 50% 扣除，具体扣除方式在一个纳税年度内不能变更。

2. 继续教育

纳税人在中国境内接受学历（学位）继续教育的支出，在学历（学位）教育期间按照每月 400 元（每年 4800 元）定额扣除。同一学历（学位）继续教育的扣除期限不能超过 48 个月（4 年）。纳税人接受技能人员职业资格继续教育、专业技术人员职业资格继续教育的支出，在取得相关证书的当年，按照 3600 元定额扣除。

3. 大病医疗

在一个纳税年度内，纳税人发生的与基本医保相关的医药费用支出，扣除医保报销后个人负担(指医保目录范围内的自付部分)累计超过15000元的部分,由纳税人在办理年度汇算清缴时,在80000元限额内据实扣除。

纳税人发生的医药费用支出可以选择由本人或者其配偶扣除;未成年子女发生的医药费用支出可以选择由其父母一方扣除。纳税人及其配偶、未成年子女发生的医药费用支出,应按前述规定分别计算扣除额。

4.住房贷款利息

纳税人本人或者配偶单独或者共同使用商业银行或者住房公积金个人住房贷款,为本人或其配偶购买中国境内住房,发生的首套住房贷款利息支出,在实际发生贷款利息的年度,按照每月1000元(每年12000元)的标准定额扣除,扣除期限最长不超过240个月(20年)。纳税人只能享受一次首套住房贷款利息扣除。此处所称首套住房贷款是指购买住房享受首套住房贷款利率的住房贷款。经夫妻双方约定,可以选择由其中一方扣除,具体扣除方式确定后,在一个纳税年度内不得变更。

5.住房租金

纳税人在主要工作城市没有自有住房而发生的住房租金支出,可以按照以下标准定额扣除:

直辖市、省会(首府)城市、计划单列市以及国务院确定的其他城市,扣除标准为每月1500元(每年18000元)。除上述所列城市外,市辖区户籍人口超过100万的城市,扣除标准为每月1100元(每年13200元);市辖区户籍人口不超过100万的城市,扣除标准为每月800元(每年9600元)。市辖区户籍人口,以国家统计局公布的数据为准。

6.赡养老人

纳税人赡养一位及以上被赡养人的赡养支出,统一按以下标准定额扣除:

纳税人为独生子女的,按照每月2000元(每年24000元)的标准定额扣除;纳税人为非独生子女的,由其与兄弟姐妹分摊每月2000元(每年24000元)的扣除额度,每人分摊的额度最高不能超过每月1000元(每年12000元)。

所称被赡养老人是指年满60岁的父母,以及子女均已去世的年满60岁的祖父母、外祖父母。

7.照护婴幼儿

纳税人照护3岁以下婴幼儿子女的相关支出,按照每个婴幼儿每月1000元的标准定额扣除。

父母可以选择由其中一方按扣除标准的100%扣除,也可以选择由双方分别按扣除标准的50%扣除,具体扣除方式在一个纳税年度内不能变更。

五、税额计算

工资、薪金所得全额计入收入额;而劳务报酬所得、特许权使用费所得的收入额为实际取得劳务报酬、特许权使用费收入的 80%；此外，稿酬所得的收入额在扣除 20% 费用的基础上，再减按 70% 计算，即稿酬所得的收入额为实际取得稿酬收入的 56%。

居民个人的综合所得，以每一纳税年度的收入额减除费用 60000 元以及专项扣除、专项附加扣除和依法确定的其他扣除后的余额，为应纳税所得额。

居民个人综合所得应纳税额的计算公式为：

应纳税额 = 全年应纳税所得额 × 适用税率 – 速算扣除数

= (全年收入额 – 60000 元 – 专项扣除 – 享受的专项附加扣除 – 享受的其他扣除) × 适用税率 – 速算扣除数

六、优惠政策

下列各项个人所得，免征个人所得税：

(1) 省级人民政府、国务院部委和中国人民解放军军以上单位，以及外国组织、国际组织颁发的科学、教育、技术、文化、卫生、体育、环境保护等方面的奖金。

(2) 国债和国家发行的金融债券利息。

(3) 按照国家统一规定发给的补贴、津贴。

(4) 福利费、抚恤金、救济金。

(5) 保险赔款。

(6) 军人的转业费、复员费、退役金。

(7) 按照国家统一规定发给干部、职工的安家费、退职费、基本养老金或者退休费、离休费、离休生活补助费。

(8) 依照有关法律规定应予免税的各国驻华使馆、领事馆的外交代表、领事官员和其他人员的所得。

(9) 中国政府参加的国际公约、签订的协议中规定免税的所得。

(10) 企业和个人按照省级以上人民政府规定的比例缴付的住房公积金、基本医疗保险金、基本养老保险金、失业保险金，允许在个人应纳税所得额中扣除，免予征收个人所得税。

(11) 个人转让自用达 5 年及以上，并且是唯一的家庭生活居住用房取得的所得。

(12) 对被拆迁人按照国家有关城镇房屋拆迁管理办法规定的标准取得拆迁补偿款(含因棚户区改造而取得的拆迁补偿款)，免征个人所得税。

(13) 单位发给个人用于预防新型冠状病毒感染的肺炎的药品、医疗用品和防护用品等实物(不包括现金)，不计入工资、薪金收入，免征个人所得税。

(14) 国务院规定的其他免税所得，由国务院报全国人民代表大会常务委员会备案。

(15) 有下列情形之一的，可以减征个人所得税，具体幅度和期限，由省、自治区、直辖市人民政府规定，并报同级人民代表大会常务委员会备案：

①残疾、孤老人员和烈属的所得。

②因自然灾害遭受重大损失的。

③国务院可以规定其他减税情形，报全国人民代表大会常务委员会备案。

七、申报及缴纳

扣缴义务人每月或者每次预扣、代扣的税款，应当在次月15日内缴入国库，并向税务机关报送扣缴个人所得税申报表。纳税人办理年度汇算清缴的时间为次年3月1日至6月30日。

1. 申报流程

第一步：下载及登录自然人税收管理系统扣缴客户端。

第二步：人员信息采集—填写员工信息—报送—获取反馈。

第三步：专项附加扣除信息采集数据的更新。

第四步：填写综合所得申报表—正常工资薪金所得、全年一次性奖金收入等(可导入模板)。

第五步：申报表报送—发送申报—获取反馈(导出申报表存档)。

第六步：税款缴纳。

2. 年度汇算清缴的计算

年度汇算应退或应补税额=[(综合所得收入额-60000元-“三险一金”等专项扣除-子女教育等专项附加扣除-依法确定的其他扣除-捐赠)×适用税率-速算扣除数]-已预缴税额。

3. 无须办理年度汇算的纳税人

依据税法规定，截至2023年12月31日(如延续实施以国家税务总局公告为准)，纳税人在年度已依法预缴个人所得税且符合下列情形之一的，无须办理年度汇算：

(1)纳税人年度汇算需补税但年度综合所得收入不超过120000元的。

(2)纳税人年度汇算需补税金额不超过400元的。

(3)纳税人已预缴税额与年度应纳税额一致或者不申请年度汇算退税的。

4. 需要办理年度汇算的纳税人

依据税法规定，符合下列情形之一的，纳税人需要办理年度汇算：

年度已预缴税额大于年度应纳税额且申请退税的，包括年度综合所得收入额不超过60000元但已预缴个人所得税；年度中间劳务报酬、稿酬、特许权使用费适用的预扣率高于综合所得年适用税率；预缴税款时，未申报扣除或未足额扣除减除费用、专项扣除、专项附加扣除、依法确定的其他扣除或捐赠，以及未申报享受或未足额享受综合所得税收优惠等情形。

年度综合所得收入超过120000元且需要补税金额超过400元的，包括取得两处及以上综合所得，合并后适用税率提高导致已预缴税额小于年度应纳税额等情形。

5. 可享受的税前扣除

下列未申报扣除或未足额扣除的税前扣除项目，纳税人可在年度汇算期间办理扣除或补充扣除：

（1）纳税人及其配偶、未成年子女在年度发生的，符合条件的大病医疗支出。

（2）纳税人在年度未申报享受或未足额享受的子女教育、继续教育、住房贷款利息或住房租金、赡养老人、照护婴幼儿专项附加扣除以及减除费用、专项扣除、依法确定的其他扣除。

（3）纳税人在年度发生的符合条件的捐赠支出。

八、代扣代缴手续费返还

项目公司收到代扣手续费应在利润表的"其他收益"项目中填列，属于增值税、企业所得税的应税范围。会计处理如下。

收到手续费时：

借：银行存款（收到的手续费返还）

　　贷：其他收益

　　　　应交税费—应交增值税（销项税）

九、代开发票涉及个人所得税事项

《国家税务总局广西壮族自治区税务局关于自然人申请代开发票个人所得税有关问题的公告》（国家税务总局广西壮族自治区税务局公告 2019 年第 4 号）规定：

自然人申请代开发票应税所得项目属于劳务报酬所得、稿酬所得和特许权使用费所得的，其个人所得税由扣缴义务人依照《个人所得税扣缴申报管理办法（试行）》（国家税务总局公告 2018 年第 61 号）的规定预扣预缴（或代扣代缴）和办理全员全额扣缴申报。代开发票单位在开具发票时，应在发票备注栏内统一注明"个人所得税由支付方依法预扣预缴（或代扣代缴）"。

根据《中华人民共和国个人所得税法》以及《个人所得税扣缴申报管理办法（试行）》（国家税务总局公告 2018 年第 61 号）的规定，作为扣缴人的企业在向自然人支付除经营所得以外的其他个人所得项目时，需要履行代扣代缴或者预扣预缴个人所得税的义务。项目公司邀请专家、授课教师等发生的劳务费，在收到代开的劳务费发票时，应履行代扣代缴义务，在支付环节代扣个人所得税。

十、注意事项

差旅费津贴、误餐补助不属于工资、薪金所得项目的收入，不予征税，其中，误餐补助是指按照财政部规定，个人因公在城区、郊区工作，不能在工作单位就餐或返回就餐的，根据实际误餐次数，按规定的标准领取的误餐费。单位以误餐补助名义发给职工的补助、津贴不能包括在内。

项目公司应行使代扣代缴义务，在向个人支付应纳税所得时，不论纳税人是否属于本单位人员，均应代扣代缴其应纳的个人所得税款。扣缴义务人依法履行代扣代缴税款义务，纳税人不得拒绝。

纳税人及其配偶在一个纳税年度内不得同时分别享受住房贷款利息专项附加扣除和住房租金专项附加扣除。

个人取得的全年一次性奖金，在2023年12月31日前，可选择不并入当年综合所得，由扣缴义务人发放时代扣代缴，即将居民个人取得的全年一次性奖金除以12个月，按其商数依照按月换算后的综合所得税率表确定适用税率和速算扣除数。在一个纳税年度内，对每一个纳税人，该计税办法只允许采用一次。自2024年1月1日起，居民个人取得全年一次性奖金，应并入当年综合所得计算缴纳个人所得税。

实行内部退养的个人在其办理内部退养手续后至法定离退休年龄之间从原任职单位取得的工资、薪金，不属于离退休工资，应按“工资、薪金所得”项目计征个人所得税。

自2019年1月1日起，个人提前退休取得一次性补贴收入应按照办理提前退休手续至法定离退休年龄之间的实际年度数平均分摊，确定适用税率和速算扣除数，单独适用综合所得税率表。

填写申报表时应注意各项税前扣除的上限标准，其中住房公积金不得超过职工工作地所在设区的市上一年度职工月平均工资的3倍，具体以税务总局当年公布的扣除上限为准。企业年金不得超过本人缴费工资计税基数的4%，同时本人缴费工资计税基数不得超过职工工作地所在地区城市上一年度职工月平均工资的300%，具体以税务总局当年公布的扣除上限为准。企业职工公务用车费用扣除上限标准为高级管理人员每人每月1950元，其他人员每人每月1200元；高级管理人员，是指根据《中华人民共和国公司法》或其他法律法规的相关规定，在本级企业或社会组织中担任高管职务的人员，具体包括：公司的经理、副经理、财务负责人，上市公司董事会秘书和公司章程规定的其他人员。通信补贴收入扣除上限标准为每人每月240元。

十一、热点问题及解答

（1）问：对个人因解除劳动合同取得经济补偿金的征税方法是什么？

答：根据《财政部 税务总局关于个人所得税法修改后有关优惠政策衔接问题的通知》（财税〔2018〕164号）的规定，对个人因解除劳动合同取得的经济补偿金按以下规定处理：

个人与用人单位解除劳动关系取得一次性补偿收入（包括用人单位发放的经济补偿金、生活补助费和其他补助费），在当地上年职工平均工资3倍数额以内的部分，免征个人所得税；超过3倍数额的部分，不并入当年综合所得，单独适用综合所得税率表计算纳税。

（2）问：赡养老人附加扣除的起止时间如何确定？如果老人年度中间某月去世，后面几个月份是否还可以享受？

答：根据《税务总局关于发布〈个人所得税专项附加扣除操作办法（试行）〉的公告》（国

家税务总局公告 2018 年第 60 号)第三条第六项的规定,纳税人享受符合规定的专项附加扣除的计算时间,为被赡养人年满 60 周岁的当月至赡养义务终止的年末。因此,如果老人年度中间某月去世,纳税人后面几个月份还可以享受专项附加扣除。

(3)问:员工直系亲属去世,项目公司发放给该员工一次性的丧葬补贴,是否属于员工的免税收入?

答:《中华人民共和国个人所得税法》第四条第四项规定,个人取得的“福利费、抚恤金、救济金”免纳个人所得税。

《中华人民共和国个人所得税法实施条例》第十一条明确规定,福利费是指根据国家有关规定,从企业、事业单位、国家机关、社会组织提留的福利费或者工会经费中支付给个人的生活补助费;所称生活补助费,是指由于某些特定事件或原因而给纳税人或其家庭的正常生活造成一定困难,其任职单位按国家规定从提留的福利费或者工会经费中向其支付的临时性生活困难补助。

根据上述规定,丧葬补贴可以作为免税收入。

(4)问:子女升学涉及的子女教育专项附加扣除,如何操作?

答:区分两种情况处理:

①同一受教育阶段的情形。

比如,子女小学升初中,属于同一子女的同一受教育阶段(均为义务教育阶段),在一个年度中间存在升学、转学等情形,如受教育阶段不变,年度中间无须细化填写,但应在下一年度更新相关登记信息。

②不同受教育阶段的情形。

如果是初中升高中、高中升大学等情形,则属于同一子女的不同受教育阶段(前者是义务教育变为高中教育、后者是高中教育变为高等教育),在一个年度中因升学等原因接受不同教育阶段的,填报子女教育专项附加扣除信息时,应分别填写前后两个阶段的受教育情况。例如,子女 9 月升入大学,则享受子女教育专项附加扣除的父母新增一条高等教育阶段信息,原登记信息不可删除。

(5)问:员工更换工作单位,个人所得税在新单位缴纳,个人专项扣除、扣除费用等数据是否转移至新单位?

答:根据《税务总局关于发布〈个人所得税扣缴申报管理办法(试行)〉的公告》(国家税务总局公告 2018 年第 61 号)的规定,累计预扣法是指扣缴义务人在一个纳税年度内预扣预缴税款时,以纳税人在本单位截至当前月份工资、薪金所得累计收入减除累计免税收入、累计减除费用、累计专项扣除、累计专项附加扣除和累计依法确定的其他扣除后的余额为累计预扣预缴应纳税所得额。

其中,累计减除费用,按照 5000 元/月乘以纳税人当年截至本月在本单位的任职受雇月份数计算。例如,员工在 5 月份入职新公司,则新单位在代扣代缴 5 月份个税时,累计减除费用只有一个月的数据,即5000元。

十二、会计处理

本节涉税事项相关的会计处理如下。

1.计提员工工资

计提员工工资应当根据职工提供服务的受益对象进行分配。

借:在建工程—管理费用等

　　贷:应付职工薪酬—工资

2.发放工资

借:应付职工薪酬—工资

　　贷:其他应付款—住房公积金/代扣代缴社保费/企业年金等

　　　　应交税费—代扣代缴税费—个人所得税

　　　　银行存款

3.缴纳个人所得税

借:应交税费—代扣代缴税费—个人所得税

　　贷:银行存款

第五节　增　值　税

一、纳税义务人

在中华人民共和国境内销售货物或者加工、修理修配劳务,销售服务、无形资产、不动产的项目公司,为增值税的纳税人。

二、税目

现行增值税征税范围一般包括应税销售行为和进口的货物。具体规定如下:

销售或者进口的货物。货物是指有形动产,包括电力、热力、气体。销售货物是指有偿转让货物的所有权。

销售劳务。劳务是指纳税人提供的加工、修理修配劳务。加工是指受托方加工货物,即委托方提供原料及主要材料,受托方按照委托方的要求制造货物并收取加工费的业务;修理修配是指受托方对损伤和丧失功能的货物进行修复,使其恢复原状和功能的业务。

销售服务。服务包括交通运输服务、邮政服务、电信服务、建筑服务、金融服务、现代服务、生活服务等。

销售无形资产。销售无形资产是指转让无形资产所有权或者使用权的业务活动。无形资产包括技术、商标、著作权、商誉、自然资源使用权和其他权益性无形资产。其他权益性无形资产包括基础设施资产经营权、公共事业特许权、配额、经营权（包括特许经营权、连锁经营权、其他经营权）、经销权、分销权、代理权、会员权、席位权、网络游戏虚拟道具、域名、名称权、肖像权、冠名权、转会费等。

销售不动产是指转让不动产所有权的业务活动。不动产包括建筑物和构筑物等。

转让建筑物有限产权或者永久使用权的，转让在建的建筑物或者构筑物所有权的，以及在转让建筑物或者构筑物时一并转让其所占土地的使用权的，按照“销售不动产”缴纳增值税。

三、增值税税率及征收率

按照我国现行增值税的规定，不同的业务范畴对应不同档次的增值税税率。2019 年 4 月 1 日后，增值税税率及对应业务如下。

1. 适用 13% 税率

纳税人销售货物、劳务、有形动产租赁服务或者进口货物，税率为 13%，另有特殊规定的除外。

2. 适用 9% 税率

纳税人销售交通运输、邮政、基础电信、建筑、不动产租赁服务，销售不动产，转让土地使用权，税率为 9%，另有特殊规定的除外。经营性项目收取通行费的业务属于不动产租赁服务。

3. 适用 6% 税率

纳税人销售服务、无形资产，税率为 6%。

4. 增值税征收率

增值税征收率适用于两种情况：一是小规模纳税人，二是一般纳税人发生应税销售行为，按规定可以选择简易计税方法计税的。增值税有 5%、3%、2% 三个征收率，这三个征收率对应着不同的应税行为。

四、税额计算

增值税的计税方法包括一般计税方法、简易计税方法。

1. 一般计税方法

当期应纳增值税税额 = 当期销项税额 − 当期进项税额

销项税额 = 销售额 × 适用税率

进项税额 = 准予从销项税中抵扣的进项税 − 不得从销项税中抵扣的进项税

2. 简易计税方法

当期应纳增值税税额 = 当期销售额（不含增值税）× 征收率

五、税收优惠政策及要求

1. 增值税期末留抵退税政策

自2019年4月1日起，根据《财政部 税务总局 海关总署关于深化增值税改革有关政策的公告》(财政部 税务总局 海关总署公告2019年第39号)、《国家税务总局关于办理增值税期末留抵税额退税有关事项的公告》(国家税务总局公告2019年第20号)、《关于进一步加大增值税期末留抵退税政策实施力度的公告》(财政部 税务总局公告2022年第14号)的规定，同时符合增量留抵税额特定条件的项目公司，应积极对接税务局，按要求及时提交申请材料，力争获得增值税留抵退税，切实享受政策红利(增值税留抵退税申报流程详见附件9)。

(1)符合退还增量留抵税额的特殊条件

①自2019年4月税款所属期起，连续6个月(按季纳税的，连续两个季度)增量留抵税额均大于零，且第6个月增量留抵税额不低于50万元。

②纳税信用等级为A级或者B级。

③申请退税前36个月未发生骗取留抵退税、出口退税或虚开增值税专用发票情形的。

④申请退税前36个月未因偷税被税务机关处罚两次及以上的。

⑤自2019年4月1日起未享受即征即退、先征后返(退)政策的。

(2)增量留抵税额计算方式

允许退还的增量留抵税额 = 增量留抵税额 × 进项构成比例 ×60%。

进项构成比例，为2019年4月至申请退税前一税款所属期内已抵扣的增值税专用发票(含税控机动车销售统一发票)、海关进口增值税专用缴款书、解缴税款完税凭证注明的增值税额占同期全部已抵扣进项税额的比重。

(3)存量留抵退税行业范围

加大“制造业”“科学研究和技术服务业”“电力、热力、燃气及水生产和供应业”“软件和信息技术服务业”“生态保护和环境治理业”和“交通运输、仓储和邮政业”(以下简称“制造业等行业”)增值税期末留抵退税政策力度，将先进制造业按月全额退还增值税增量留抵税额政策范围扩大至符合条件的制造业等行业企业(含个体工商户，下同)，并一次性退还制造业等行业企业存量留抵税额。

①符合条件的制造业等行业企业，可以自2022年4月纳税申报期起向主管税务机关申请退还增量留抵税额。

②符合条件的制造业等行业中型企业，可以自2022年7月纳税申报期起向主管税务机关申请一次性退还存量留抵税额；符合条件的制造业等行业大型企业，可以自2022年10月纳税申报期起向主管税务机关申请一次性退还存量留抵税额。

(4)小微企业期末留抵退税政策

加大小微企业增值税期末留抵退税政策力度，将先进制造业按月全额退还增值税增量留抵税额政策范围扩大至符合条件的小微企业(含个体工商户,下同),并一次性退还小微企业存量留抵税额。

①符合条件的小微企业,可以自2022年4月纳税申报期起向主管税务机关申请退还增量留抵税额。

②符合条件的微型企业,可以自2022年4月纳税申报期起向主管税务机关申请一次性退还存量留抵税额;符合条件的小型企业,可以自2022年5月纳税申报期起向主管税务机关申请一次性退还存量留抵税额。

2.吸纳退役士兵就业

根据《财政部 税务总局 退役军人部关于进一步扶持自主就业退役士兵创业就业有关税收政策的通知》(财税〔2019〕21号),企业招用自主就业退役士兵,与其签订1年以上期限劳动合同并依法缴纳社会保险费的,自签订劳动合同并缴纳社会保险当月起,在3年内按实际招用人数予以定额依次扣减增值税、城市维护建设税、教育费附加、地方教育附加和企业所得税优惠。广西壮族自治区定额标准为每人每年9000元。该通知规定的税收政策执行期限为2019年1月1日至2021年12月31日。纳税人在2021年12月31日享受本通知规定税收优惠政策未满3年的,可继续享受至3年期满为止。

根据《关于延长部分税收优惠政策执行期限的公告》(财政部 税务总局公告2022年第4号),上述通知规定的税收优惠政策执行期限可延长至2023年12月31日。该公告发布之前,已征的相关税款可抵减纳税人以后月份应缴纳税款或予以退还。

六、申报及缴纳

1.纳税地点

项目公司应当向其注册地主管税务机关申报纳税。

2.纳税期限

项目公司以1个月或者1个季度为1个纳税期的,自期满之日起15日内申报纳税并结清上个月应纳税款。

3.申报及操作流程

申报:项目公司登录国家税务总局广西壮族自治区电子税务局,按税法要求填写主表及附表(详见附件10)。

操作流程:项目公司登录国家税务总局广西壮族自治区电子税务局→税费申报及缴纳→税费缴纳→勾选需缴税款→勾选要扣款的申报项目→实时扣款→确认。税款缴纳成功后,将完税凭证打印留存。

七、特殊规定及注意事项

1.项目划款处理方式

有通行费收入的项目公司在确认增值税申报无误、三方协议账户有足够余额后,应告知集团公司税务专员，由其联系区税务局专管员进行统一划款。划款完毕后再自行缴纳附加税及其他税费。

2. 特殊销售行为

特殊销售行为涉及的内容见表 4-5。

特殊销售行为涉及的内容　　表 4-5

<table>
<tr><th colspan="2">应税销售行为</th><th>一般纳税人</th></tr>
<tr><td rowspan="2">销售自己
使用过的物品</td><td>固定资产</td><td>1. 按规定允许抵扣进项税额的固定资产再转让
$\text{销项税额}=\text{含税销售额}\div(1+\text{税率})\times\text{税率}$
税率一般为 13%，低税率范围的农机等为 9%。
2. 按规定不得抵扣且未抵扣过进项税额的固定资产再转让的，适用简易办法，依照 3% 征收率，按 2% 征收增值税
$\text{应纳税额}=\text{含税销售额}\div(1+3\%)\times2\%$
3. 小汽车特殊处理
2013 年 7 月 31 日以前购买的，转让时：$\text{应纳税额}=\text{含税销售额}\div(1+3\%)\times2\%$；
2013 年 8 月 1 日以后购买的，转让时：$\text{应纳税额}=\text{含税销售额}\div(1+13\%)\times13\%$</td></tr>
<tr><td>其他物品</td><td>$\text{销项税额}=\text{含税销售额}\div(1+\text{税率})\times\text{税率}$
税率为 13% 或 9%</td></tr>
<tr><td>销售自己
没使用过的物品</td><td>货物
（有形动产）</td><td>$\text{销项税额}=\text{含税销售额}\div(1+\text{税率})\times\text{税率}$
税率为 13% 或 9%。
特殊情况下，按简易办法计税：
$\text{应纳税额}=\text{含税销售额}\div(1+3\%)\times3\%$</td></tr>
</table>

八、热点问题及解答

（1）问：是否只有注明旅客身份信息的客票，才能作为进项税抵扣凭证？

答：根据《财政部 税务总局 海关总署关于深化增值税改革有关政策的公告》（财政部 税务总局 海关总署公告 2019 年第 39 号）、《2019 年减税降费政策答复汇编（第一辑）》第 89 条规定，目前暂允许注明旅客身份信息的航空运输电子客票行程单、铁路车票、公路和水路等其他客票，作为进项税抵扣凭证。

（2）问：购买增值税税控系统专用设备和技术维护费用，增值税专用发票如何在增值税应纳税额中全额抵减？

答：根据《财政部 国家税务总局关于增值税税控系统专用设备和技术维护费用抵减增值税税额有关政策的通知》（财税〔2012〕15 号）的规定，初次购买增值税税控系统专用设备（包括分开票机）支付的费用，可凭购买增值税税控系统专用设备取得的增值税专用发票，在增值税应纳税额中全额抵减(抵减额为价税合计额)。非初次购买增值税税控系统专用设备支付的费用,自行负担,不得在增值税应纳税额中抵减。技术维护费可凭技术维护服务单位开具的技术维护费发票,在增值税应纳税额中全额抵减。在增值税应纳税额中全额抵减的,其增值税专用发票不作为增值税抵扣凭证,其进项税额不得从销项税额中抵扣。

九、会计处理

增值税涉及的会计科目见表4-6。

增值税涉及的会计科目　　表4-6

级次	科目编码	科目名称	辅助核算
1	2221	应交税费	[客商辅助核算]
2	2221001	应交增值税	[客商辅助核算]
3	222100101	进项税	[客商辅助核算][税率辅助核算]
3	222100102	销项税	[客商辅助核算][税率辅助核算]
3	222100103	已交税金	[客商辅助核算]
3	222100104	进项税转出	[客商辅助核算][税率辅助核算]
3	222100106	减免税款	[客商辅助核算]
3	222100107	转出未交增值税	[客商辅助核算]
3	222100110	转出多交增值税	[客商辅助核算]
2	2221002	未交增值税	[客商辅助核算]
2	2221024	预交增值税	[客商辅助核算]
2	2221025	待认证进项税额	[客商辅助核算]
2	2221027	简易计税	[客商辅助核算]
1	6403	税金及附加	
2	6403008	增值税	

1. 核算内容

(1)应交税费—应交增值税—进项税额

核算一般纳税人购进货物、加工修理修配劳务、服务资产、无形资产或不动产而支付或负担的、准予从当期销项税额中抵扣的增值税额。

(2)应交税费—应交增值税—销项税

核算一般纳税人销售货物、加工修理修配劳务、服务、无形资产或不动产应收取的增值税额。

(3)应交税费—应交增值税—已交税金

核算一般纳税人当月已交纳的应交增值税额。

(4)应交税费—应交增值税—进项税额转出

核算一般纳税人购进货物、加工修理修配劳务、服务、无形资产或不动产等发生非正常损失以及其他原因而不应从销项税额中抵扣、按规定转出的进项税额。

(5)应交税费—应交增值税—减免税款

核算一般纳税人按现行增值税制度规定准予减免的增值税额。

(6)应交税费—应交增值税—转出未交增值税

一般纳税人月度终了转出当月应交未交的增值税额。

(7)应交税费—应交增值税—转出多交增值税

一般纳税人月度终了转出当月多交的增值税额。

(8)应交税费—未交增值税

核算一般纳税人月度终了从“应交增值税”或“预交增值税”明细科目转入当月应交未交、多交或预缴的增值税额,以及当月缴纳以前期间未交的增值税额。

(9)应交税费—预交增值税

核算一般纳税人转让不动产、提供不动产经营租赁服务、提供建筑服务、采用预收款方式销售自行开发的房地产项目等,以及其他按现行增值税制度规定应预缴的增值税额。

(10)应交税费—待认证进项税额

核算一般纳税人由于未经税务机关认证而不得从当期销项税额中抵扣的进项税额,包括:一般纳税人已取得增值税扣税凭证、按照现行增值税制度规定准予从销项税额中抵扣,但尚未经税务机关认证的进项税额;一般纳税人已申请稽核但尚未取得稽核相符结果的海关缴款书进项税额。

(11)应交税费—简易计税

核算一般纳税人采用简易计税方法发生的增值税计提、扣减、预缴、缴纳等业务。

2. 取得资产或接受劳务等业务的账务处理

(1)简易征收计税方式下会计处理方案

《财政部 国家税务总局关于全面推开营业税改征增值税试点的通知》(财税〔2016〕36号)规定:“公路经营企业中的一般纳税人收取试点前开工的高速公路的车辆通行费,可以选择适用简易计税方法,减按3%的征收率计算应纳税额。试点前开工的高速公路,是指相关施工许可证明上注明的合同开工日期在2016年4月30日前的高速公路。”公路经营企业中的一般纳税人选择适用简易计税方法减按3%计算应纳增值税,同期取得的增值税进项税额不得抵扣。因此取得增值税专用发票时,只需做好认证及申报工作即可,会计账务处理中不需单独核算。

(2)一般计税方式下会计处理方案

①建筑安装工程增值税账务处理。

取得工程计量款增值税专用发票时:

借:在建工程—建筑安装工程—路基等(不含税价)

　　应交税费—待认证进项税额(税额)

贷:银行存款—应付账款—工程款(含税价)等

②设备投资增值税账务处理。

取得增值税专用发票时:

借:在建工程—设备投资—设备购置费等(不含税价)

应交税费—待认证进项税额(税额)

贷:银行存款(含税价)等

③待摊投资增值税账务处理。

取得增值税专用发票时:

借:在建工程—待摊投资—勘察设计费—建设单位管理费等(不含税价)

应交税费—待认证进项税额(税额)

贷:银行存款(含税价)等

取得注明旅客身份信息的航空运输电子客票行程单的,计算进项税额的公式:航空旅客运输进项税额=(票价+燃油附加费)÷(1+9%)×9%。

取得注明旅客身份信息的铁路车票的,计算进项税额的公式:铁路旅客运输进项税额=票面金额÷(1+9%)×9%。

取得注明旅客身份信息的公路、水路等其他客票的,计算进项税额的公式:公路、水路等其他旅客运输进项税额=票面金额÷(1+3%)×3%。

④购入固定资产、无形资产的账务处理(用于福利用途的除外)。

取得增值税专用发票时:

借:固定资产、无形资产(不含税价)

应交税费—待认证进项税额(税额)

贷:银行存款(含税价)等

⑤增值税专票认证后的账务处理。

增值税专票认证并申报后:

借:应交税费—应交增值税—进项税额

贷:应交税费—待认证进项税额

注意:待认证进项税额中要设置客商辅助核算,客商设置要考虑方便与计量部门、施工单位对账。

(3)主营业务的账务处理

①取得通行费清分数据时账务处理。

借:应收账款—通行费(客商辅助:广西壮族自治区项目发展中心)

若为简易计税项目:

贷:营业收入—通行费收入(不含税收入)

应交税费—简易计税(清分收入÷1.05×3%)

若为一般计税项目：

贷：营业收入—通行费收入（不含税收入）

应交税费—应交增值税—销项税额（税额）

②计提增值税附加的账务处理。

借：税金及附加—城市维护建设税

税金及附加—教育费附加

税金及附加—地方教育附加

贷：应交税费—城市维护建设税

应交税费—教育费附加

应交税费—地方教育附加

③集团公司收到拨来通行费账务处理（如有）。

借：应收账款—通行费（客商辅助：集团公司）

贷：应收账款—通行费（客商辅助：广西壮族自治区收费公路联网收费清分中心）

④收到集团公司拨付通行费账务处理。

借：银行存款

贷：应收账款—通行费（客商辅助：集团公司）

（4）其他销售业务账务处理

①简易征收计税方式下的会计处理方案。

公司销售产品或提供劳务取得收入时，按规定开具增值税专用发票。

借：银行存款/应收账款等

贷：其他业务收入/固定资产清理/工程结算等（不含税价）

应交税费—简易计税（税额）

②一般计税方式下会计处理方案。

公司销售产品或提供劳务取得收入时，按规定开具增值税专用发票。

借：银行存款/应收账款等

贷：其他业务收入/固定资产清理/工程结算等（不含税价）

应交税费—应交增值税—销项税额（税额）

（5）缴纳增值税账务处理

①月末根据税金计提表对增值税进项税及销项税进行结转。

借：应交税费—应交增值税—销项税

贷：应交税费—应交增值税—进项税

应交税费—未交增值税

②次月缴纳上月未交增值税的账务处理。

借：应交税费—未交增值税

贷:银行存款

③进项税转出账务处理。

对已申报不符合抵扣或重新开票的进项税额,后续申报中应做进项税额转出。

进项税转出申报:

借:应交税费—应交增值税—进项税额转出

贷:应交税费—应交增值税—进项税

确认不符合抵扣账务处理,转回成本:

借:在建工程—固定资产/无形资产

贷:应交税费—应交增值税—进项税额转出

收到重新开具的发票,并认证后:

借:应交税费—应交增值税—进项税

在建工程—固定资产/无形资产(发票税率与之前转出发票不同,也可出现在贷方)

贷:应交税费—应交增值税—进项税额转出

(6)购买税控设备账务处理

①购买税控设备且构成固定资产账务处理。

购买并收到税控设备专用发票:

借:固定资产(全款金额)

贷:银行存款

同时计提减免税款:

借:应交税费—应交增值税—减免税款(全款金额)

贷:递延收益

确定用于抵减销项税时,月末结转:

借:应交税费—未交增值税

贷:应交税费—应交增值税—减免税款(全款金额)

税控设备折旧账务处理:

借:在建工程—管理费用

贷:累计折旧

同时确认递延收益:

借:递延收益

贷:在建工程—管理费用

②购买税控设备不构成固定资产、税控系统技术维护服务账务处理。

借:在建工程—管理费用

贷:银行存款

同时计提减免税款：

借：应交税费—应交增值税—减免税款（全款金额）

贷：在建工程—管理费用

确定用于抵减销项税时，月末结转：

借：应交税费—未交增值税

贷：应交税费—应交增值税—减免税款（全款金额）

（7）财务报表相关项目列示

“应交税费”科目下的“应交增值税”“未交增值税”“待认证进项税额”等明细科目期末借方余额应根据情况，在资产负债表中的“其他流动资产”或“其他非流动资产”项目列示；“应交税费”科目下的“未交增值税”科目期末贷方余额应在资产负债表中的“应交税费”项目列示。

第六节　印　花　税

一、纳税义务人

在中华人民共和国境内书立应税凭证、进行证券交易的单位和个人，为印花税的纳税义务人。

在中华人民共和国境外书立在境内使用的应税凭证的单位和个人，应当依照《中华人民共和国印花税法》的规定缴纳印花税。

二、税目及税率

印花税税目税率表见表4-7。

印花税税目税率表　　表4-7

税目		税率	备注
合同（指书面合同）	借款合同	借款金额的万分之零点五	指银行业金融机构、经国务院银行业监督管理机构批准设立的其他金融机构与借款人（不包括同业拆借）的借款合同
	融资租赁合同	租金的万分之零点五	—
	买卖合同	价款的万分之三	指动产买卖合同（不包括个人书立的动产买卖合同）
	承揽合同	报酬的万分之三	—
	建设工程合同	价款的万分之三	—

续上表

税目		税率	备注
合同（指书面合同）	运输合同	运输费用的万分之三	指货运合同和多式联运合同(不包括管道运输合同)
	技术合同	价款、报酬或者使用费的万分之三	不包括专利权、专有技术使用权转让书据
	租赁合同	租金的千分之一	—
	保管合同	保管费的千分之一	—
	仓储合同	仓储费的千分之一	—
	财产保险合同	保险费的千分之一	—
产权转移书据	土地使用权出让书据	价款的万分之五	转让包括买卖(出售)、继承、赠与、互换、分割
	土地使用权、房屋等建筑物和构筑物所有权转让书据(不包括土地承包经营权和土地经营权转移)	价款的万分之五	—
	股权转让书据(不包括应缴纳证券交易印花税的)	价款的万分之五	—
	商标专用权、著作权、专利权、专有技术使用权转让书据	价款的万分之三	—
营业账簿	实收资本(股本)、资本公积合计金额的万分之二点五	—	营业账簿
证券交易	成交金额的千分之一	—	证券交易

注:印花税税目税率表(2022年7月1日起执行)。

三、计税依据及税额计算

1. 计税依据

印花税的计税依据如下:

(1)应税合同的计税依据为合同所列的金额,不包括列明的增值税税款。

(2)应税产权转移书据的计税依据,为产权转移书据所列的金额,不包括列明的增值税税款。

(3)应税营业账簿的计税依据,为账簿记载的实收资本(股本)、资本公积合计金额。

(4)证券交易的计税依据,为成交金额。

(5)应税合同、产权转移书据未列明金额的,印花税的计税依据按照实际结算的金额确定;计税依据按照前款规定仍不能确定的,按照书立合同、产权转移书据时的市场价格确定;依法应当执行政府定价或者政府指导价的,按照国家有关规定确定。

(6)证券交易无转让价格的,按照办理过户登记手续时该证券前一个交易日收盘价计算确定计税依据;无收盘价的,按照证券面值计算确定计税依据。

2. 税额计算

(1)印花税的应纳税额按照计税依据乘以适用税率计算。

(2)同一应税凭证载有两个以上税目事项并分别列明金额的,按照各自适用的税目税率分别计算应纳税额;未分别列明金额的,从高适用税率。

(3)同一应税凭证由两方以上当事人书立的,按照各自涉及的金额分别计算应纳税额。

(4)已缴纳印花税的营业账簿,以后年度记载的实收资本(股本)、资本公积合计金额比已缴纳印花税的实收资本(股本)、资本公积合计金额增加的,按照增加部分计算应纳税额。

四、优惠政策

根据《中华人民共和国印花税法》的规定,下列凭证可免征印花税:

(1)应税凭证的副本或者抄本。

(2)依照法律规定应当予以免税的外国驻华使馆、领事馆和国际组织驻华代表机构为获得馆舍书立的应税凭证。

(3)中国人民解放军、中国人民武装警察部队书立的应税凭证。

(4)农民、家庭农场、农民专业合作社、农村集体经济组织、村民委员会购买农业生产资料或者销售农产品书立的买卖合同和农业保险合同。

(5)无息或者贴息借款合同、国际金融组织向中国提供优惠贷款书立的借款合同。

(6)财产所有权人将财产赠与政府、学校、社会福利机构、慈善组织书立的产权转移书据。

(7)非营利性医疗卫生机构采购药品或者卫生材料书立的买卖合同。

(8)个人与电子商务经营者订立的电子订单。

根据国民经济和社会发展的需要,国务院对居民住房需求保障、企业改制重组、破产、支持小型微型企业发展等情形可以规定减征或者免征印花税,报全国人民代表大会常务委员会备案。

五、申报及缴纳

1. 纳税地点

纳税人为单位的,应当向其机构所在地的主管税务机关申报缴纳印花税;不动产产权发生转移的,纳税人应当向不动产所在地的主管税务机关申报缴纳印花税。

2. 申报期限

项目公司纳税义务发生时间为书立应税凭证或者完成证券交易的当日。

印花税按季、按年或者按次计征。实行按季、按年计征的,纳税人应当自季度、年度终了之日起15日内申报缴纳税款;实行按次计征的,纳税人应当自纳税义务发生之日起15日内申报缴纳税款。

六、特殊规定及注意事项

《中华人民共和国印花税法》自2022年7月1日起施行,1988年8月6日国务院发布的《中华人民共和国印花税暂行条例》同时废止。该法主要调整及注意事项如下:

(1)权利、许可证照不再属于印花税应税税目。

(2)承揽合同、建设工程合同、运输合同印花税税率由原来的万分之五改为万分之三。

(3)对产权转移书据的种类加以明确划分,并将其中商标专用权、著作权、专利权、专有技术使用权转让书据的税率由原来的万分之五调整为万分之三。

(4)营业账簿税率由原来的万分之五改为万分之二点五,将《财政部 税务总局关于对营业账簿减免印花税的通知》(财税〔2018〕50号)规定直接纳入相关规定。

(5)增值税不作为印花税计税依据,如按含税价签订合同且未单独列明增值税的,则需按全额计算缴纳印花税,因此项目公司签订合同时需注意列明增值税金额。

七、热点问题及解答

(1)问:工程总承包合同(或联合体合同)中,涉及不同税目如何计算印花税?

答:《中华人民共和国印花税法》第九条规定:同一应税凭证载有两个以上税目事项并分别列明金额的,按照各自适用的税目税率分别计算应纳税额;未分别列明金额的,从高适用税率。

(2)问:签订电子合同需要缴纳印花税吗?

答:《财政部 国家税务总局关于印花税若干政策的通知》(财税〔2006〕162号)第一条规定:"对纳税人以电子形式签订的各类应税凭证按规定征收印花税。"因此,以电子合同代替纸质合同同样需要缴纳印花税,个人与电子商务经营者订立的电子订单除外。

(3)问:取消已签订的合同已缴纳的印花税是否可退还?取消后重新签订的新合同是否需要缴纳印花?

答:《国家税务总局关于印花税若干具体问题的规定》(国税地字〔1988〕25号)第7条规定:"依照印花税暂行条例规定,合同签订时即应贴花,履行完税手续。因此,不论合同是否兑现或能否按期兑现,都一律按照规定贴花。"因此,合同取消后即便合同约定的事项尚未履行,企业已缴纳的印花税仍然不能退还。《中华人民共和国印花税法》第一条规定:"在中华人民共和国境外书立在境内使用的应税凭证的单位和个人,应当依照本法规定缴纳印花税。"因此,重新签订的合同需要缴纳印花税。

(4)问:合同履行后,实际结算金额与合同所载金额不一致的,是否补缴印花税?

答:《国家税务总局关于印花税若干具体问题的规定》(国税地字〔1988〕25号)规定,纳税人应在合同签订时按合同所载金额计税申报。因此,对已履行并申报的合同,发现实际结算金额与合同所载金额不一致的,一般不再补缴印花税。

(5)问:对于资金账簿资金变化如何计征印花税?

答:《中华人民共和国印花税法》第十一条规定:已缴纳印花税的营业账簿,以后年度记载的实收资本(股本)、资本公积合计金额比已缴纳印花税的实收资本(股本)、资本公积合计金额增加的,按照增加部分计算应纳税额。

(6)问:应税合同、产权转移书据未列明金额,在后续实际结算时确定金额的,纳税人如何进行印花税申报?

答:《国家税务总局关于实施〈中华人民共和国印花税法〉等有关事项的公告》(国家税务总局公告2022年第14号)规定:应税合同、产权转移书据未列明金额,在后续实际结算时确定金额的,纳税人应当于书立应税合同、产权转移书据的首个纳税申报期申报应税合同、产权转移书据书立情况,在实际结算后下一个纳税申报期,以实际结算金额计算申报缴纳印花税。

八、会计处理

本节涉税事项相关的会计处理如下:

计提时:

借:在建工程—待摊投资—建设单位管理费—印花税、税金及附加—印花税

　贷:应交税费—印花税

缴纳时:

借:应交税费—印花税

　贷:银行存款

第七节　耕地占用税

一、纳税义务人

在中华人民共和国境内占用耕地建设建筑物、构筑物或者从事非农业建设的项目公司,为耕地占用税的纳税人。

二、税目、计税依据及税额计算

1. 税目

耕地占用税的征税项目包括项目公司占用耕地建设建筑物、构筑物或者从事非农业建设的国家所有和集体所有的耕地。

占用鱼塘及其他农用土地建房或从事其他非农业建设，也视同占用耕地，必须依法征收耕地占用税。占用已开发从事种植、养殖的滩涂、草场、水面和林地等从事非农业建设，由省、自治区、直辖市本着有利于保护土地资源和生态平衡的原则，结合具体情况确定是否征收耕地占用税。

2. 计税依据

耕地占用税以项目公司实际占用的属于耕地占用税征税范围的土地（以下简称“应税土地”）面积为计税依据，按应税土地当地适用税额计税，实行一次性征收。

实际占用的耕地面积，包括经批准占用的耕地面积和未经批准占用的耕地面积。

项目公司临时占用耕地，是指经自然资源主管部门批准，在一般不超过 2 年内临时使用耕地并且没有修建永久性建筑物的行为。依法复垦应由自然资源主管部门会同有关行业管理部门认定并出具验收合格确认书。

临时占用耕地，应当依照规定缴纳耕地占用税。项目公司在批准临时占用耕地的期限内恢复所占用耕地原状的，全额退还已经缴纳的耕地占用税。

3. 税额计算

应纳税额 = 应税土地面积 × 适用税额。

基本农田按适用税率加按 150% 征收耕地占用税的计算公式为：应纳税额 = 应税土地面积 × 适用税额 × 150%。

应税土地面积包括经批准占用面积和未经批准占用面积，以平方米为单位。

耕地占用税以项目公司实际占用的耕地面积为计税依据，按照规定的适用税额一次性征收，应纳税额为项目公司实际占用的耕地面积（平方米）乘以适用税额。

三、税率

耕地占用税在税率设计上采用了地区差别定额税率。广西壮族自治区耕地占用税适用税额见表 4-8。

广西壮族自治区耕地占用税适用税额表 表 4-8

地级市	县（市、区）	耕地占用税适用税额（元/平方米）
南宁市	青秀区、兴宁区、西乡塘区、江南区、良庆区、邕宁区、武鸣区、宾阳县、横州市	30
	隆安县、马山县、上林县	25
柳州市	城中区、鱼峰区、柳南区、柳北区、柳江区、柳城县、三江侗族自治县	30
	鹿寨县、融安县、融水苗族自治县	25
桂林市	七星区、象山区、秀峰区、叠彩区、临桂区、雁山区、荔浦市、灵川县、全州县、兴安县、永福县、灌阳县、龙胜各族自治县、资源县、平乐县、恭城瑶族自治县、阳朔县	30

续上表

地级市	县(市、区)	耕地占用税适用税额(元/平方米)
梧州市	万秀区、长洲区、龙圩区、苍梧县、藤县、岑溪市	30
	蒙山县	25
北海市	海城区、银海区、铁山港区、合浦县	30
防城港市	港口区、防城区、东兴市	30
	上思县	25
钦州市	钦南区、钦北区、灵山县、浦北县	30
贵港市	港北区、港南区、覃塘区、桂平市、平南县	30
玉林市	玉州区、福绵区、容县、陆川县、博白县、兴业县、北流市	30
贺州市	八步区、平桂区、昭平县	30
	钟山县、富川瑶族自治县	25
百色市	右江区、田阳区、田东县、平果市、那坡县、凌云县	30
	德保县、靖西市、乐业县、田林县、隆林各族自治县、西林县	25
河池市	金城江区、宜州区、罗城仫佬族自治县、环江毛南族自治县、南丹县、东兰县、巴马瑶族自治县、凤山县、都安瑶族自治县、大化瑶族自治县	30
	天峨县	25
来宾市	兴宾区、合山市	30
	武宣县、象州县、忻城县、金秀瑶族自治县	25
崇左市	天等县	30
	江州区、扶绥县、大新县、宁明县、龙州县、凭祥市	25
备注	项目公司减按每平方米 2 元的税额征收耕地占用税	详见优惠政策

四、优惠政策

耕地占用税对占用耕地实行一次性征收,对生产经营单位和个人不设立减免税,仅对公益性单位和需照顾群体设立减免税。

减征耕地占用税:《中华人民共和国耕地占用税法》第七条规定,铁路线路、公路线路、飞机场跑道、停机坪、港口、航道、水利工程占用耕地,减按每平方米 2 元的税额征收耕地占用税。

《中华人民共和国耕地占用税法实施办法》第十一条规定,减税的公路线路,具体范围限于经批准建设的国道、省道、县道、乡道和属于农村公路的村道的主体工程以及两侧边沟或者截水沟。专用公路和城区内机动车道占用耕地的，按照当地适用税额缴纳耕地占用税。

《中华人民共和国耕地占用税法》第八条规定，依照本法第七条第一款、第二款规定免征或者减征耕地占用税后，纳税人改变原占地用途，不再属于免征或者减征耕地占用税情形的，应当按照当地适用税额补缴耕地占用税。

五、申报及缴纳

1. 纳税义务发生时间

耕地占用税由税务机关负责征收。耕地占用税的纳税义务发生时间为项目公司收到自然资源主管部门办理占用耕地手续的书面通知的当日。项目公司应当自纳税义务发生之日起 30 日内申报缴纳耕地占用税。

项目公司改变原占地用途，需要补缴耕地占用税的，其纳税义务发生时间为改变用途当日，具体为：经批准改变用途的，纳税义务发生时间为项目公司收到批准文件的当日；未经批准改变用途的，纳税义务发生时间为自然资源主管部门认定项目公司改变原占地用途的当日。

未经批准占用耕地的，耕地占用税纳税义务发生时间为自然资源主管部门认定的项目公司实际占用耕地的当日。

因挖损、采矿塌陷、压占、污染等损毁耕地的纳税义务发生时间为自然资源、农业农村等相关部门认定损毁耕地的当日。

项目公司占地类型、占地面积和占地时间等纳税申报数据材料以自然资源等相关部门提供的相关材料为准；未提供相关材料或者材料信息不完整的，经主管税务机关提出申请，由自然资源等相关部门自收到申请之日起 30 日内出具认定意见。

因挖损、采矿塌陷、压占、污染等损毁耕地属于税法所称的非农业建设，应依照税法规定缴纳耕地占用税；自自然资源、农业农村等相关部门认定损毁耕地之日起 3 年内依法复垦或修复，恢复种植条件的，应按规定办理退税。

在农用地转用环节，用地申请人能证明建设用地人符合税法规定的免税情形的，免征用地申请人的耕地占用税；在供地环节，建设用地人使用耕地用途符合税法规定的免税情形的，由用地申请人和建设用地人共同申请，按退税管理的规定退还用地申请人已经缴纳的耕地占用税。

2. 纳税地点

项目公司占用耕地，应当在耕地所在地申报纳税。

3. 申报期限

依据《中华人民共和国耕地占用税法》，获准占用耕地的项目公司应当在收到土地管理部门的通知之日起30日内申报缴纳耕地占用税。

六、热点问题及解答

(1)问:项目红线外占用的土地,是否需要缴纳耕地占用税?

答:根据《中华人民共和国耕地占用税法》第三条的规定,耕地占用税以纳税人实际占用的耕地面积为计税依据,按照规定的适用税额一次性征收,应纳税额为纳税人实际占用的耕地面积(平方米)乘以适用税额。项目公司项目红线外占用的土地面积在获取自然资源主管部门批复后30日内申报缴纳耕地占用税。

(2)问:项目公司涉及的收费站区、停车区、服务区的缴税标准是多少?

答:一般收费站区、停车区、服务区参照税额表征收,但目前部分项目取得减半征收优惠、减按每平方米2元的税额征收耕地占用税。具体项目公司可以与税务局协商,最终的缴税标准以当地税务局要求为准。

(3)问:申报耕地占用税要注意哪些问题?

答:一是确定申报缴纳的税务局,如果不在公司主管税务局管辖区内,需要先办理跨区域涉税事项报验登记(在主管税务局办理或者通过电子税务局办理,填报"跨区域涉税事项报告表"方能申报);二是缴税方式,可选择转账或者签订三方协议划款;三是完成申报缴纳后对于享受优惠政策的相关资料要留存备查。

七、会计处理

本节涉税事项相关的会计处理如下。

1. 计提

借:在建工程—土地征用及迁移补偿费—耕地占用税

　　贷:应交税费—耕地占用税

2. 缴纳

借:应交税费—耕地占用税

　　贷:银行存款

第八节　城镇土地使用税

一、纳税义务人

在城市、县城、建制镇、工矿区范围内使用国家所有或集体所有土地的项目公司,为城镇土地使用税的纳税人。

二、税率及计税依据

1. 税率

城镇土地使用税采用定额税率(表4-9),即采用有幅度的差别税额,按大、中、小城市和县城、建制镇、工矿区分别规定每平方米城镇土地使用税年应纳税额。

城镇土地使用税采用定额税率　表4-9

级别	人口(人)	每平方米税额(元)
大城市	50万以上	1.5～30
中等城市	20万～50万	1.2～24
小城市	20万以下	0.9～18
县城、建制镇、工矿区		0.6～12

2. 计税依据

城镇土地使用税以纳税人实际占用的土地面积为计税依据,土地面积计量标准为每平方米,即税务机关根据纳税人实际占用的土地面积,按照规定的税额计算应纳税额,向纳税人征收城镇土地使用税。

纳税人实际占用的土地面积按下列办法确定:

(1)由省、自治区、直辖市人民政府确定的单位组织测定土地面积的,以测定的面积为准。

(2)尚未组织测定,但纳税人持有政府部门核发的土地使用证书的,以证书确认的土地面积为准。

(3)尚未核发土地使用证书的,应由纳税人申报土地面积,并据以纳税,待核发土地使用证书以后再做调整。

(4)对在城镇土地使用税征税范围内单独建造的地下建筑用地,按规定征收城镇土地使用税。其中,已取得地下土地使用权证的,按土地使用权证确认的土地面积计算应征税款;未取得地下土地使用权证或地下土地使用权证上未标明土地面积的,按地下建筑垂直投影面积计算应征税款。

(5)对上述地下建筑用地暂按应征税款的50%征收城镇土地使用税。

三、税额计算

税额计算方法如下:

全年应纳税额=实际占用应税土地面积(平方米)×适用税额

四、优惠政策

下列土地免缴土地使用税:

(1)由国家财政部门拨付事业经费的单位自用的土地。

(2)市政街道、广场、绿化地带等公共用地。

(3)经批准开山填海整治的土地和改造的废弃土地,从使用的月份起免缴土地使用税5年至10年。

(4)由财政部另行规定免税的能源、交通、水利设施用地和其他用地。

五、申报及缴纳

1. 纳税义务发生时间

购置新建商品房,自房屋交付使用之次月起,缴纳城镇土地使用税。

购置存量房,自办理房屋权属转移、变更登记手续,房地产权属登记机关签发房屋权属证书之次月起,缴纳城镇土地使用税。

出租、出借房产,自交付出租、出借房产之次月起,缴纳城镇土地使用税。

以出让或转让方式有偿取得土地使用权的,应由受让方从合同约定交付土地时间之次月起缴纳城镇土地使用税;合同未约定交付土地时间的,由受让方从合同签订之次月起缴纳城镇土地使用税。

新征用的耕地,自批准征用之日起满1年时开始缴纳城镇土地使用税。

新征用的非耕地,自批准征用次月起缴纳城镇土地使用税。

自2009年1月1日起,因土地的权利发生变化而依法终止城镇土地使用税纳税义务的,其应纳税款的计算应截至土地权利发生变化的当月末。

2. 纳税地点

城镇土地使用税在土地所在地缴纳。

3. 申报期限

城镇土地使用税实行按年计算、分期缴纳的征收方法。广西壮族自治区内城镇土地使用税目前实行按年征收,分上半年、下半年两期申报缴纳。具体纳税期限为:上半年申报缴纳期限为6月1—15日,下半年申报缴纳期限为12月1—15日,遇法定节假日按相关规定顺延。

六、注意事项

1. 截止时间

根据《财政部 国家税务总局关于房产税城镇土地使用税有关问题的通知》(财税〔2008〕152号)第三条的规定,纳税人因房产、土地的实物或权利状态发生变化而依法终止房产税、城镇土地使用税纳税义务的,其应纳税款的计算应截止到房产、土地的实物或权利状态发生变化的当月末。截止时间通常与纳税义务发生时间是对应的,即纳税义务发生时间即为对方纳税义务终止时间。

2. 有偿取得土地使用税(出让、转让)

根据《财政部 国家税务总局关于房产税、城镇土地使用税有关政策通知》(财税〔2006〕186号)第二条的规定,以出让或转让方式有偿取得土地使用权的,应由受让方从合同约定交付土地时间的次月起缴纳城镇土地使用税；合同未约定交付土地时间的，由受让方从合同签订的次月起缴纳城镇土地使用税。

七、热点问题及解答

(1)问：通过招标拍卖、挂牌方式取得土地是否属于新征用土地？

答：《国家税务总局关于通过招拍挂方式取得土地缴纳城镇土地使用税问题的公告》(国家税务总局公告2014年第74号)规定，通过招标、拍卖、挂牌方式取得的建设用地，不属于新征用的耕地，纳税人应按照《财政部 国家税务总局关于房产税、城镇土地使用税有关政策的通知》(财税〔2006〕186号)第二条的规定，从合同约定交付土地时间的次月起缴纳城镇土地使用税；合同未约定交付土地时间的，从合同签订的次月起缴纳城镇土地使用税。

(2)问：项目主线是否需要缴纳城镇土地使用税？

答：根据广西壮族自治区税务局的答复，经过城市、县城、建制镇、工矿区范围内的项目主线暂不需要缴纳城镇土地使用税。

(3)问：项目服务区是否需要缴纳城镇土地使用税？

答：根据《中华人民共和国城镇土地使用税暂行条例》第二条的规定，在城市、县城、建制镇、工矿区范围内使用土地的单位和个人，为城镇土地使用税的纳税人，应当依照本条例的规定缴纳城镇土地使用税。若项目服务区在划定的城市、县城、建制镇、工矿区范围内，则需要缴纳城镇土地使用税，具体是否在划定范围内，以当地税务机关核定为准。

八、会计处理

1. 计提

借：在建工程—土地征用及迁移补偿费—城镇土地使用税、税金及附加—城镇土地使用税

　贷：应交税费—城镇土地使用税

2. 缴纳

借：应交税费—城镇土地使用税

　贷：银行存款

第九节　房　产　税

一、纳税义务人

房产税的纳税义务人是指征收范围内的房屋产权所有人，具体包括经营单位、集体单位和个人、房产承典人、房产代管人或使用人。项目公司不在房屋所在地的，或者产权未确定

及租典纠纷未解决的，由房产代管人或者使用人纳税。项目公司无租使用房产管理部门、免税单位及纳税单位的房产，应由项目公司代为缴纳房产税。

二、征税范围

房产税以房产为征税对象。征税范围为城市、县城、建制镇和工矿区，不包括农村。

三、税率、计税依据及税额计算

1. 税率

我国现行房产税采用比例税率。税率有两种：一种是从价计征，税率为1.2%；另一种是从租计征，税率为12%。对企事业单位、社会团体以及其他组织按市场价格向个人出租用于居住的住房，减按4%的税率征收。

2. 计税依据及税额计算

房产税的计税依据是房产的计税余值（房产原值一次减除10%～30%损耗价值以后的余值）或房产的租金收入。目前广西房产税依照房产原值一次减除30%后的余值计算。

应纳税额计算方法如下。

（1）从价计征：应纳税额＝应税房产原值×（1－扣除比例）×1.2%。

（2）从租计征：应纳税额＝租金收入×12%（或4%）。

四、优惠政策

根据《国家税务总局关于房产税部分行政审批项目取消后加强后续管理工作的通知》（国税函〔2004〕839号）第一条的规定，对《财政部 税务总局关于房产税若干具体问题的解释和暂行规定》（财税地字〔1986〕8号）第二十四条关于“房屋大修停用在半年以上的，经纳税人申请，税务机关审核，在大修期间可免征房产税”的规定做适当修改，取消经税务机关审核的内容。纳税人因房屋大修导致连续停用半年以上的，在房屋大修期间免征房产税，免征税额由纳税人在申报缴纳房产税时自行计算扣除，并在申报表附表或备注栏中做相应说明。

根据《财政部 税务总局关于房产税若干具体问题的解释和暂行规定》（财税地字〔1986〕8号）第二十一条的规定，凡是在基建工地为基建工地服务的各种工棚、材料棚、休息棚和办公室、食堂、茶炉房、汽车房等临时性房屋，不论是施工企业自行建造还是由基建单位出资建造交施工企业使用的，在施工期间，一律免征房产税。但是，如果在基建工程结束以后，施工企业将这种临时性房屋交还或者估价转让给基建单位的，应当从基建单位接收的次月起，依照规定征收房产税。

五、申报及缴纳

1. 纳税义务发生时间

（1）纳税人将原有房产用于生产经营，从生产经营之月起，缴纳房产税。

(2)纳税人自行新建房屋用于生产经营,从建成之次月起,缴纳房产税。

(3)纳税人委托施工企业建设的房屋,从办理验收手续之次月起,缴纳房产税。

(4)纳税人购置新建商品房,自房屋交付使用之次月起,缴纳房产税。

(5)纳税人购置存量房,自办理房屋权属转移、变更登记手续,房地产权属登记机关签发房屋权属证书之次月起,缴纳房产税。

(6)纳税人出租、出借房产,自交付出租、出借房产之次月起,缴纳房产税。

(7)房地产开发企业自用、出租、出借本企业建造的商品房,自房屋使用或交付之次月起,缴纳房产税。

(8)纳税人因房产的实物或权利状态发生变化而依法终止房产税纳税义务的,其应纳税款的计算应截止到房产的实物或权利状态发生变化的当月末。

2. 纳税期限

房产税实行按年计算、分期缴纳的征收方法,具体纳税期限由省、自治区、直辖市人民政府确定。

3. 纳税地点

房产税在房产所在地缴纳。房产不在同一地方的纳税人,应按房产的坐落地点分别向房产所在地的税务机关申报纳税。

六、注意事项

对依照房产原值计税的房产,不论是否记载在会计账簿"固定资产"科目中,均应按照房屋原价计算缴纳房产税。房屋原价应根据国家有关会计制度规定进行核算。对纳税人未按国家会计制度规定核算并记载的,应按规定予以调整或重新评估。

对按照房产原值计税的房产,无论会计如何核算,房产原值均应包含地价,包括为取得土地使用权支付的价款、开发土地发生的成本费用等。宗地容积率低于0.5的,按房产建筑面积的2倍计算土地面积并据此确定计入房产原值的地价。

《财政部 税务总局关于房产税若干具体问题的解释和暂行规定》(财税地字〔1986〕8号)第十九条规定:纳税人在办理验收手续前已使用或出租、出借的新建房屋,应按规定征收房产税。

七、会计处理

本节涉税事项相关的会计处理如下。

1. 计提时

借:在建工程—待摊投资—建设单位管理费—房产税、税金及附加—房产税

　　贷:应交税费—房产税

2. 实际缴纳时

借:应交税费—房产税

　贷:银行存款

第十节 契　税

一、纳税义务人及税率

承受我国境内转移的土地、房产权属的项目公司为契税的纳税人。

契税的税率为3% ~5%,具体税率由主管税务机关确定。广西目前执行的契税税率为3%。

二、计税依据及税额计算

1. 计税依据

契税的计税依据为不动产的价格,由于土地、房产权属转移方式不同,定价方法不同,项目公司应根据以下几种情况确定具体计税依据:

土地使用权出让、出售,房屋买卖,为土地、房屋权属转移合同确定的成交价格,包括应交付的货币以及实物、其他经济利益对应的价款。

土地使用权互换、房屋互换,为所互换的土地使用权、房屋价格的差额。

土地使用权赠与、房屋赠与以及其他没有价格的转移土地、房屋权属行为,为税务机关参照土地使用权出售、房屋买卖的市场价格依法核定的价格。

纳税人申报的成交价格、互换价格差额明显偏低且无正当理由的,由税务机关依照《中华人民共和国税收征收管理法》的规定核定。

2. 税额计算

契税的应纳税额 = 计税依据 × 适用税率。

三、税收优惠政策

根据《中华人民共和国契税法》第七条的规定,因土地、房屋被县级以上人民政府征收、征用,重新承受土地、房屋权属或因不可抗力灭失住房,重新承受住房权属,可由省、自治区、直辖市决定予以免征或者减征契税。

四、税款申报及缴纳

1. 纳税义务发生时间

纳税义务发生时间为签订土地、房屋权属转移合同的当日,或者纳税人取得其他具有土地、房屋权属转移合同性质凭证的当日。

2. 纳税期限

项目公司应当自纳税义务发生之日起10日内,向土地、房屋所在地的契税征收机关办理纳税申报,并在契税征收机关核定的期限内缴纳税款。

3. 纳税地点

在土地、房屋所在地的税务机关缴纳。

五、注意事项

纳税人应当在依法办理土地、房屋权属登记手续前申报缴纳契税。未按照规定缴纳契税的,不动产登记机构不予办理土地、房屋权属登记。

依法办理土地、房产权属登记前,权属转移合同、权属转移合同性质凭证不生效、无效、被撤销或者被解除,纳税人可以向税务机关申请退还已缴纳的税款。

六、会计处理

本节涉税事项相关的会计处理如下。

1. 计提时

借:在建工程—建筑物工程—土地获得款—契税、无形资产—土地使用权、开发产品、税金及附加—契税

贷:应交税费—契税

2. 缴纳时

借:应交税费—契税

贷:银行存款

第十一节　土地增值税

一、纳税义务人

土地增值税的纳税义务人为转让国有土地使用权、地上的建筑及其附着物(以下简称“转让房地产”)并取得收入的单位。

二、征税范围

1. 基本征税范围

土地增值税是对转让国有土地使用权及其地上建筑物和附着物的行为征税,不包括国有土地使用权出让所取得的收入。

土地增值税的征税范围不包括未转让土地使用权、房产产权的行为，是否发生转让行为主要以房地产权属（指土地使用权和房产产权）的变更为标准。凡土地使用权、房产产权未转让的（如房地产的出租），不征收土地增值税。

土地增值税的基本范围包括：转让国有土地使用权，地上的建筑物及其附着物连同国有土地使用权一并转让，存量房地产的买卖。

2. 特殊征税范围

房地产的继承、房地产的赠与（仅指房产所有人、土地使用权所有人将房屋产权、土地使用权赠与直系亲属或承担直接赡养义务人的；房产所有人、土地使用权所有人通过中国境内非营利的社会团体、国家机关将房屋产区、土地使用权赠与教育、民政和其他社会福利、公益事业的）、房地产的出租、房地产的抵押、房地产的交换、合作建房、房地产的代建行为、房地产的重新评估。

三、税率

土地增值税实行四级超率累进税率，每级“增值额未超过扣除项目金额”的比例，均包括本比例数，土地增值税四级超率累进税率详见表4-10。

土地增值税四级超率累进税率表 表4-10

级数	增值额与扣除项目金额的比率	税率（%）	速算扣除系数
1	不超过50%的部分	30	0
2	超过50%～100%的部分	40	5
3	超过100%～200%的部分	50	15
4	超过200%的部分	60	35

四、应税收入与扣除项目

应税收入：纳税人转让房地产取得的应税收入（不含增值税），应包括转让房地产的全部价款及有关的经济收益。从收入的形式来看，包括货币收入、实物收入和其他收入。

扣除项目：依据税法规定，在计算土地增值税的增值额时，准予从房地产转让收入额中减除下列相关项目金额。

1. 取得土地使用权所支付的金额

取得土地使用权所支付的金额包括以下两方面内容：

（1）纳税人为取得土地使用权所支付的地价款。如果是以协议、招标、拍卖等出让方式取得土地使用权的，地价款为纳税人所支付的土地出让金；如果是以行政划拨方式取得土地使用权的，地价款为按照国家有关规定补缴的土地出让金；如果是以转让方式取得土地使用权的，地价款为向原土地使用权人实际支付的地价款。

(2)纳税取得土地使用权时按国家统一规定缴纳的有关费用。它是指纳税人在取得土地过程中为办理有关手续,按国家统一规定缴纳的有关登记、过户手续费。

2. 房地产开发成本

房地产开发成本是指纳税人房地产开发项目实际发生的成本,包括土地的征用及拆迁补偿费、前期工程费、建筑安装工程费、基础设施费、公共配套设施费、开发间接费等。

3. 房地产开发费用

房地产开发费用,是指与房地产开发项目有关的销售费用、管理费用和财务费用。根据现行财务会计制度的规定,这三项费用作为期间费用,直接计入当期损益,不按成本核算对象进行分摊。因此,作为土地增值税扣除项目的房地产开发费用,不按纳税人房地产开发项目实际发生的费用进行扣除,而按《中华人民共和国土地增值税暂行条例实施细则》的标准进行扣除。

4. 与转让房地产有关的税金

与转让房地产有关的税金,是指在转让房地产时缴纳的城市维护建设税、印花税。因转让房地产缴纳的教育费附加,也可视同税金予以扣除。

5. 财政部确定的其他扣除项目

对从事房地产开发的纳税人,允许按取得土地使用权所支付的金额和房地产开发成本之和,加计20%扣除。

6. 旧房及建筑物的评估价格

纳税人转让旧房的,应将房屋及建筑物的评估价格、取得土地使用权所支付的地价款或出让金、按国家统一规定缴纳的有关费用和转让环节缴纳的税金作为扣除金额计征土地增值税。对取得土地使用权时未支付地价款或不能提供已支付的地价款凭据的,在计征土地增值税时不允许扣除。

对纳税人购房时缴纳的契税,凡能提供契税完税凭证的,准予作为“与转让房地产有关的税金”予以扣除,但不作为加计5%的基数。

对于转让旧房及建筑物,既没有评估价格,又不能提供购房发票的,地方税务机关可以根据《中华人民共和国税收征收管理法》第三十五条的规定,实行核定征收。

五、税额计算

1. 增值额的确定

确定增值额是计算土地增值税的基础,增值额为纳税人转让房地产所取得的收入减除规定的扣除项目金额后的余额。

纳税人有下列情形之一的,按照房地产评估价格计算征收:

(1)隐瞒、虚报房地产成交价格。

(2)提供扣除项目金额不实,是指纳税人在纳税申报时不据实提供扣除项目额的行为。提供扣除项目金额不实的，应由评估机构按照房屋重置成本价乘以成新度折扣率计算的房屋成本价和取得土地使用权时的基准地价进行评估。税务机关根据评估价格确定扣除项目金额。

(3)转让房地产的成交价格低于房地产评估价格，又无正当理由。

上述所说的房地产评估价格，是指由政府批准设立的房地产评估机构根据相同地段、同类房地产进行综合评定的价格。

2. 应纳税额的计算方法

土地增值税按照纳税人转让房地产取得的增值额和规定的税率计算征收。土地增值税应纳税额的计算公式为：

应纳税额 = 土地增值额 × 适用税率 − 扣除项目金额 × 速算扣除系数

六、税收优惠

1. 建造普通标准住宅的税收优惠

纳税人建造普通标准住宅出售，增值额未超过扣除项目金额20%的，免征土地增值税。

2. 国家征用、收回的房地产的税收优惠

因国家建设需要依法征用、收回的房地产，免征土地增值税。

因城市规划、国家建设需要而搬迁，由纳税人自行转让原房地产的税收优惠。

因城市实施规划、国家建设的需要而搬迁，由纳税人自行转让原房地产的，免征土地增值税。

七、申报及缴纳

1. 预征管理

对于纳税人预售房地产所取得的收入，凡当地税务机关规定预征土地增值税的，纳税人应当到主管税务机关办理纳税申报，并按规定比例预交税款，待办理决算后，多退少补；凡当地税务机关规定不预征土地增值税的，也应在取得收入时先到税务机关登记或备案。

2. 纳税地点

土地增值税的纳税人应向房地产所在地主管税务机关办理纳税申报，并在税务机关核定的期限内缴纳土地增值税。

3. 纳税期限

土地增值税的纳税人应在转让房地产合同签订后的7日内，到房地产所在地主管税务机关办理纳税申报，并向税务机关提交房屋及建筑物产权、土地使用权证书，土地转让、房产买卖合同，房地产评估报告及其他与转让房地产有关的资料。

八、注意事项

(1)土地增值税清算后应补缴的土地增值税加收滞纳金问题

纳税人按规定预缴土地增值税后，清算补缴的土地增值税，在主管税务机关规定的期限内补缴的,不加收滞纳金。

(2)关于未办理土地使用权证而转让土地的税收问题

土地使用者转让、抵押或置换土地,无论其是否取得了该土地的使用权属证书,无论其在转让、抵押或置换土地过程中是否与对方当事人办理了土地使用权属证书变更登记手续,只要土地使用者享有占有、使用、收益或处分该土地的权利,且有合同等证据表明其实质转让、抵押或置换了土地并取得了相应的经济利益,土地使用者及对方当事人应当依照税法规定缴纳营业税、土地增值税和契税等相关税收。

九、会计处理

本节涉税事项相关的会计处理如下:

1. 计提时

借:在建工程—建筑物工程—土地获得款—土地有关税费、税金及附加—土地增值税等

　　贷:应交税费—土地增值税

2. 缴纳时

借:应交税费—土地增值税

　　贷:银行存款

第十二节　水利建设基金

一、征收对象

项目公司取得车辆通行费的按照规定缴纳水利建设基金。

二、征收标准

公司、企业、从事生产经营的事业单位,按当年销售收入或营业收入的1‰征收。

三、征缴计算

应纳税额 = 营业收入(通行费收入) × 1‰。

四、优惠政策

根据《广西壮族自治区财政厅关于明确地方水利建设基金优惠政策的通知》(桂财规〔2022〕1 号)、《广西壮族自治区财政厅关于免征地方水利建设基金有关事项的通知》(桂财税〔2022〕11 号)的规定,可享受以下税收优惠政策:

(1)2022 年 1 月 1 日至 2022 年 3 月 31 日(所属期),减半征收地方水利建设基金(按营业收入或销售收入的 0.5‰进行征收);对注册在中国(广西)自由贸易试验区(含南宁、钦州港、崇左片区)范围内,从事合法经营的企业免征地方水利建设基金。

(2)2022 年 4 月 1 日至 2026 年 12 月 31 日(所属期),对我区所有征收对象免征地方水利建设基金。

五、申报及缴交

1. 申报期限

按当年生产经营收入计征的水利建设基金的增值税申报缴纳期限执行。

从政府性基金和行政事业性收费中提取的水利建设基金实行按季划转,年终清算。

2. 申报地点

项目公司水利建设基金以附加税的形式在缴纳增值税的主管税务机关申报缴纳。

经批准汇总缴纳增值税的企业,由汇总缴纳增值税、营业税的总机构统一向所在地征收机关缴纳。

从地方收取的政府性基金和行政事业性收费中提取,以及从城市维护建设税中划出水利建设基金,由同级财政部门负责划转。

六、会计处理

本节涉税事项相关的会计处理如下:

1. 计提时

借:税金及附加

　　贷:应交税费—水利建设基金

2. 缴纳时

借:应交税费—水利建设基金

　　贷:银行存款

第十三节　其他相关费用

一、耕地开垦费

(一)耕地开垦费征收对象

非农业建设经批准占用耕地的项目公司,没有条件开垦的,应当缴纳耕地开垦费。自行开垦耕地的,应当按批准的耕地开垦项目和开垦期限开垦耕地,并在办理批准手续时预缴耕地开垦费;预缴耕地开垦费的退还办法,由自治区人民政府另行规定(《广西壮族自治区实施〈中华人民共和国土地管理法〉办法》第二十七条)。

部分项目公司根据《广西壮族自治区补充耕地指标交易暂行细则》(桂国土资规〔2016〕2号)的要求,向人民政府购买补充耕地指标的方式,以达到占补平衡,无须另外缴纳耕地开垦费。

(二)耕地开垦费征收标准

按建设项目占用永久基本农田和一般耕地及地类、耕地质量等因素分别确定其征收标准,具体见表4-11。

广西耕地开垦费征收标准 表4-11

类型	地类	档次	国家级利用等级	征收标准	
				元/平方米	万元/公顷
永久基本农田	水田(水浇地)			80	80
	旱地			40	40
一般耕地	水田(水浇地)	优等		40	40
		高等	5~8	30	30
		中等	9~12	20	20
	旱地	高等	7~8	20	20
		中等	9~12	15	15

对经依法批准占用永久基本农田的,缴费标准按照耕地开垦费最高标准的两倍执行。批次用地、单独选址项目等非农建设(含基础设施重大项目)经批准占用耕地,无法自行落实占补平衡的,应当按照上述标准缴纳耕地开垦费。[参考依据:《关于规范和调整我区耕地开垦费征收标准和使用管理政策的通知》(桂财税〔2019〕35号)]

购买补充耕地指标的项目公司,具体指标交易价格遵照《广西壮族自治区自然资源厅 广西壮族自治区财政厅关于调整广西补充耕地指标交易指导价格的通知》(桂自然资发〔2020〕41号)的规定,广西补充耕地指标交易指导价格为耕地数量1.5万元/亩,水田规模15万元/亩,粮食产能0.7万元/亩·百公斤,作为交易最低价使用。

(三)耕地开垦费收缴程序

(1)批次用地耕地开垦费缴纳义务人为市、县人民政府,单独选址项目耕地开垦费缴纳义务人为项目建设用地单位。耕地开垦费由市、县人民政府或项目建设用地单位在向自治区人民政府申请办理农用地转用或土地征收审批手续时,向自治区自然资源厅一次性缴纳。

(2)自治区自然资源厅依据批准的国土空间规划(土地利用总体规划)和土地利用年度计划对申报用地的缴纳义务人报送的农用地转用方案、补充耕地方案或“先补后占”验收结果进行审查,审定其是否应缴纳耕地开垦费,以及应缴纳耕地开垦费的征收标准和数额,并下达“耕地开垦费缴款通知书”。

(3)“耕地开垦费缴款通知书”应明确缴纳义务人的名称,建设用地的地类、面积,耕地开垦费的征收标准和具体数额。

(4)缴纳义务人根据“耕地开垦费缴款通知书”的要求,在规定时间内将应缴纳的耕地开垦费全额缴入自治区自然资源厅非税收入汇缴专户。自治区自然资源厅统一征收后,及时足额缴入自治区本级国库,实行收支两条线管理。

(5)自治区自然资源厅根据缴纳义务人已足额缴纳耕地开垦费的有效凭证,或者经审查符合免缴耕地开垦费条件的,依法上报办理农用地转用审批手续。未按规定缴纳耕地开垦费的,不予办理农用地转用审批手续。

(6)属于自治区人民政府授权或委托设区市人民政府批准的乡镇批次用地农用地转用和土地征收用地、设区市人民政府批准不涉及征收土地的农用地转用缴纳耕地开垦费,由设区市自然资源主管部门参照上述程序组织征收。

(7)耕地开垦费征收流程。

耕地开垦费征收流程如图4-2所示。

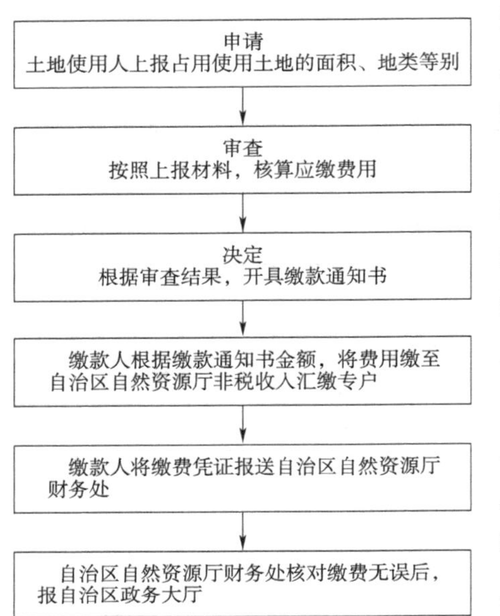

图4-2　耕地开垦费征收流程

(四)耕地开垦费会计处理

耕地开垦费相关的会计处理如下:

借:在建工程—土地征用及迁移补偿费—耕地开垦费

　贷:银行存款

二、森林植被恢复费

(一)森林植被恢复费征收对象

森林植被恢复费征收对象为占用、征用或者临时占用林地的项目公司。

(二)森林植被恢复费收费标准

广西森林植被恢复费暂以《财政部 国家林业局关于调整森林植被恢复费征收标准引导节约集约利用林地的通知》(财税〔2015〕122号)规定的各类林地征收下限为计征基价,具体标准为:

(1)郁闭度0.2以上的乔木林地(含采伐迹地、火烧迹地)、竹林地、苗圃地,每平方米10元;灌木林地、疏林地、未成林造林地,每平方米6元;宜林地,每平方米3元。

(2)国家和省级公益林林地,按照(1)中规定征收标准2倍征收。

(3)城市规划区的林地,按照(1)(2)中规定征收标准2倍征收。

(4)城市规划区外的林地,按占用征收林地建设项目性质实行不同征收标准。属于公共基础设施、公共事业和国防建设项目的,按照(1)(2)中规定征收标准征收;属于经营性建设项目的,按照(1)(2)中规定征收标准2倍征收。

(5)公共基础设施建设项目包括公路、铁路、机场、港口码头、水利、电力、通信、能源基地、电网、油气管网等建设项目。公共事业建设项目包括教育、科技、文化、卫生、体育、环境和资源保护、防灾减灾、文物保护、社会福利、市政公用等建设项目。经营性建设项目包括商业、服务业、工矿业、仓储、城镇住宅、旅游开发、养殖、经营性墓地等建设项目。

(三)森林植被恢复费征收流程

森林植被恢复费征收流程如图4-3所示。

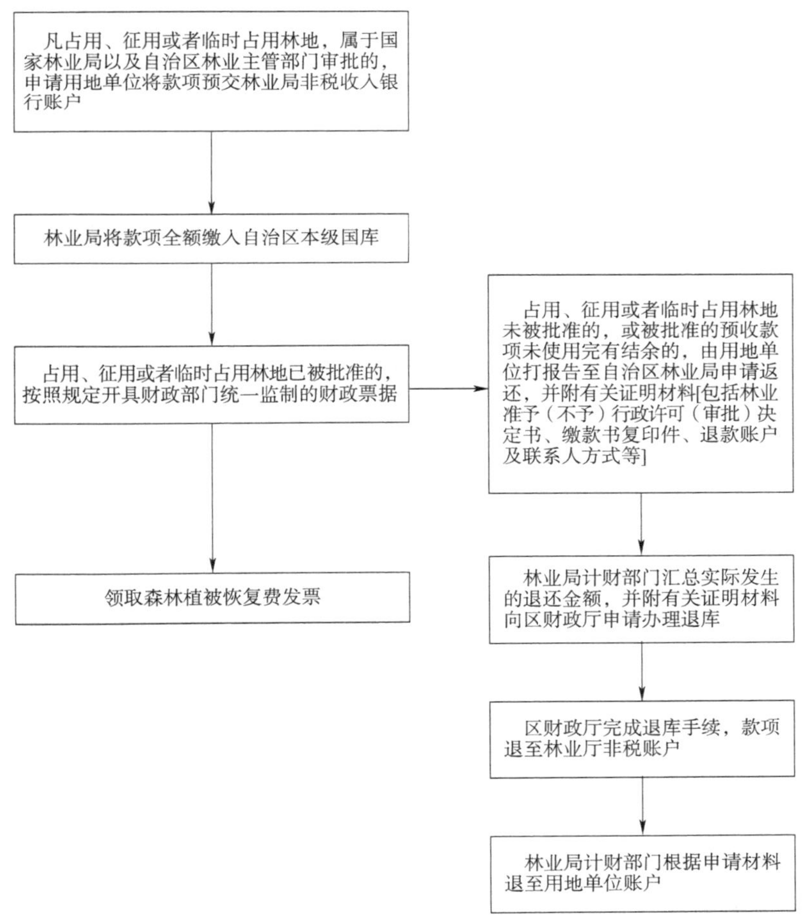

图4-3　森林植被恢复费征收流程

(四)森林植被恢复费热点问题及解答

问:占用、征收林地何时缴纳植被恢复费?

答:《广西壮族自治区森林植被恢复费征收使用管理实施办法》(桂财综〔2003〕8号)第二章第四条规定:"凡勘查、开采矿藏和修建道路、水利、电力、通讯等各项建设工程需要占用、征用或者临时占用林地,经县级以上林业主管部门审核同意或批准的,用地单位应当按照本实施办法规定向县级以上林业主管部门预缴森林植被恢复费。"由此可见,占用、征收林地应在征收环节缴纳森林植被恢复费。缴纳森林植被恢复费需要提前经县级以上林业主管部门审核批准。

(五)森林植被恢复费会计处理

森林植被恢复费相关的会计处理如下:

借:在建工程—土地征用及迁移补偿费—森林植被恢复费

　　贷:银行存款

三、水土保持补偿费

(一)水土保持补偿费征收对象

根据《关于印发广西壮族自治区水土保持补偿费征收使用管理实施办法的通知》(桂财税〔2016〕37号),凡在广西行政区域内山区、丘陵区、风沙区以及水土保持规划确定的容易发生水土流失的其他区域开办生产建设项目或者从事其他生产建设活动,损坏水土保持设施、地貌植被,不能恢复原有水土保持功能的单位和个人,应当缴纳水土保持补偿费。

(二)水土保持补偿费征收时间

开办一般性生产建设项目的,缴纳义务人应当在项目开工前一次性缴纳水土保持补偿费。

从事其他生产建设活动的,缴纳水土保持补偿费的时限由县级水行政主管部门确定。

(三)水土保持补偿费征收方式

一般性生产建设项目水土保持补偿费,按照征占用土地面积计征。

取土、挖砂、采石以及烧制砖、瓦、瓷、石灰的,按照取土、挖砂、采石量计征。

排放废弃土、石、渣的,按照排放量计征。对缴纳义务人已按照前三种方式计征水土保持补偿费的,其排放废弃土、石、渣,不再按照排放量重复计征。

(四)水土保持补偿费征收标准

《广西壮族自治区物价局 广西壮族自治区财政厅 广西壮族自治区水利厅关于调整我区水土保持补偿费征收标准有关问题的通知》(桂价费〔2017〕37号)的相关规定如下:

(1)对一般性生产建设项目,按照征占用土地面积每平方米1.1元一次性计征。对水利水电工程建设项目,水库淹没区不在水土保持补偿费计征范围之内。

(2)取土、挖砂(河道采砂除外)、采石以及烧制砖、瓦、瓷、石灰的,根据取土、挖砂、采石量,按照每立方米1元计征(不足1立方米的按1立方米计)。对缴纳义务人已按前两种方式计征水土保持补偿费的,不再重复计征。

(3)排放废弃土、石、渣的,根据土、石、渣量,按照每立方米1元计征(不足1立方米的按1立方米计)。

对缴纳义务人已按前三种方式计征水土保持补偿费的,不再重复计征。

(五)水土保持补偿费征收流程

水土保持补偿费征收流程如图4-4所示。

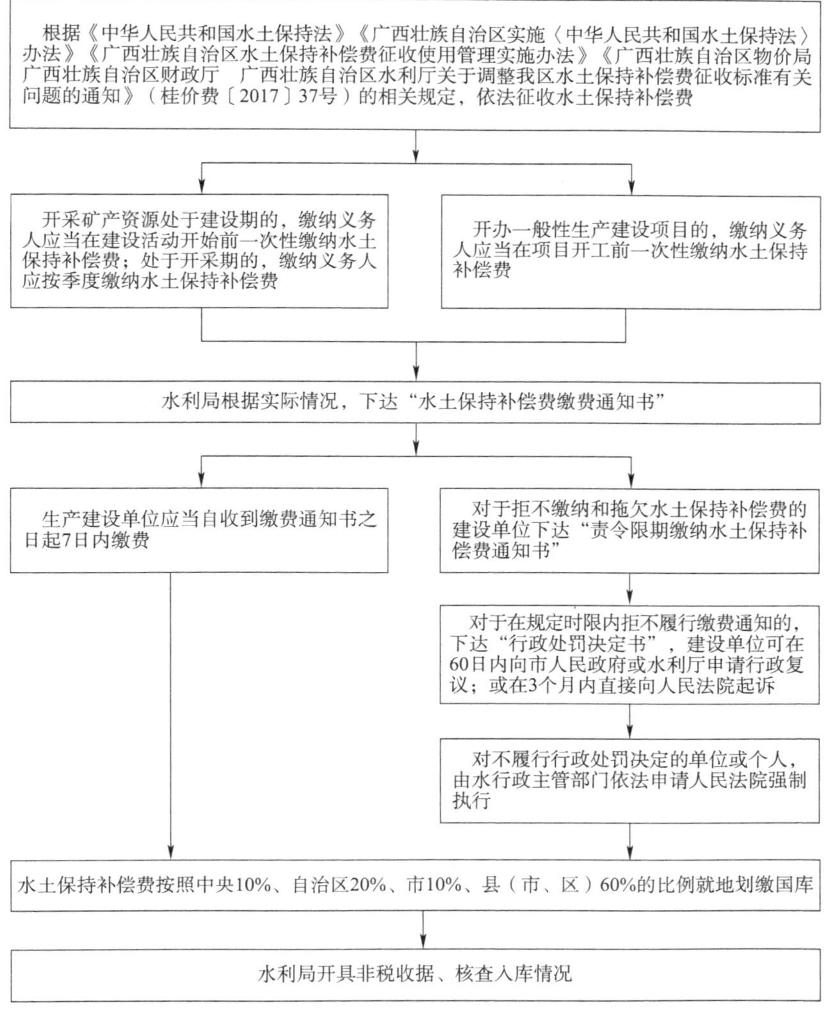

图4-4 水土保持补偿费征收流程

（六）水土保持补偿费会计处理

水土保持补偿费相关的会计处理如下：

借：在建工程—土地征用及迁移补偿费—水土保持补偿费

　　贷：银行存款

第十四节　其他涉税管理

一、变更税务登记及注销税务登记

变更税务登记是纳税人税务登记内容发生变化时向税务机关申报办理的税务登记手续；注销税务登记，则是指纳税人税务登记内容发生了根本性变化，依法需终止履行纳税义务时向税务机关申报办理的税务登记手续。

1. 工商登记变更时税务变更及注销相关资料

纳税人已在工商行政管理机关办理变更登记的，应当自工商行政管理机关变更登记之日起30日内，向原税务登记机关如实提供下列证件、资料，申报办理变更税务登记：

（1）工商登记变更表。

（2）纳税人变更登记内容的有关证明文件。

（3）税务机关发放的原税务登记证件（登记证正、副本和“税务登记表”等）。

（4）其他有关资料。

2. 无工商登记变更时税务变更及注销相关资料

纳税人按照规定不需要在工商行政管理机关办理变更登记，或者其变更登记的内容与工商登记内容无关的，应当自税务登记内容实际发生变化之日起30日内，或者自有关机关批准或者宣布变更之日起30日内，持下列证件到原税务登记机关申报办理变更税务登记：

（1）纳税人变更登记内容的有关证明文件。

（2）税务机关发放的原税务登记证件（登记证正、副本和“税务登记表”等）。

（3）其他有关资料。

3. 注销税务登记的适用范围及时间要求

纳税人发生解散、破产、撤销以及其他情形，依法终止纳税义务的应当在向工商行政管理机关或者其他机关办理注销登记前，持有关证件和资料向原税务登记机关申报办理注销税务登记；按规定不需要在工商行政管理机关或者其他机关办理注册登记的，应当自有关机关批准或者宣告终止之日起15日内，持有关证件和资料向原税务登记机关申报办理注销税务登记。

纳税人被工商行政管理机关吊销营业执照或者被其他机关予以撤销登记的，应当自营业执照被吊销或者被撤销登记之日起15日内，向原税务登记机关申报办理注销税务登记。

纳税人因住所、经营地点变动，涉及变更税务登记机关的，应当在向工商行政管理机关或者其他机关申请办理变更、注销登记前，或者住所、经营地点变动前，持有关证件和资料，向原税务登记机关申报办理变更税务登记，并自注销税务登记之日起30日内向迁达地税务机关申报办理税务登记。

纳税人办理注销税务登记前，应当向税务机关提交相关证明文件和资料，结清应纳税款、多退（免）税款、滞纳金和罚款，缴销发票、税务登记证件和其他税务证件，经税务机关核准后，办理注销税务登记手续。

二、纳税信用管理

纳税信用管理，是指税务机关对纳税人的纳税信用信息开展的采集、评价、确定、发布和应用等活动。其目的在于更好地建设、完善社会信用体系的具体内容，加快社会信用体系的建设速度。

（一）纳税信用等级评价指标

1.税务登记情况

（1）开业登记。

（2）扣缴税款登记。

（3）税务变更登记。

（4）登记证件使用。

（5）年检和换证。

（6）银行账号报告。

（7）纳税认定情况（包括一般纳税人认定等）。

2.纳税申报情况

（1）按期纳税申报率。

（2）按期纳税申报准确率。

（3）代扣代缴按期申报率。

（4）代扣代缴按期申报准确率。

（5）报送财务会计报表和其他纳税资料。

3.账簿、凭证管理情况

（1）报送财务会计制度或者财务会计处理办法和会计核算软件。

（2）按照规定设置、保管账簿、凭证，根据合法、有效凭证记账，进行核算。

(3)发票的保管、开具、使用、取得。

(4)税控装置及防伪税控系统的安装、保管、使用。

4. 税款缴纳情况

(1)应纳税款按期入库率。

(2)欠缴税款情况。

(3)代扣代缴税款按期入库率。

5. 违反税收法律、行政法规行为处理情况

(1)涉税违法犯罪记录。

(2)税务行政处罚记录。

(3)其他税收违法行为记录。

(二)纳税信用等级划分及管理

纳税信用等级划分及管理情况见表4-12。

纳税信用等级划分及管理情况　　表4-12

等级	管理措施	评价标准
A	激励措施:普通发票按需领用;一般纳税人可单次领取3个月的增值税专用发票用量;3连A的纳税人,由税务机关提供绿色通道或者专门人员帮助办理涉税事项	A级年度评价指标得分90分以上的。 不能评为A级的情况: 1. 实际生产经营期不满3年; 2. 上一个评价年度纳税信用评价结果为D级; 3. 非正常原因连续3个月或者累计6个月零申报; 4. 不能按照国家统一的会计制度设置账簿
B	正常管理:一般纳税人可单次领取2个月的增值税专用发票用量;适时进行税收政策和管理规定的辅导;选择给予A级激励措施	B级年度评价指标得分70分以上不满90分的。 最终分值根据起评分扣掉相应扣分事项对应分值后确定
C	依法从严管理:选择性实施D级惩戒措施;不得享受安置残疾人就业的增值税即征即退;不得享受销售自产的资源综合利用产品和提供资源综合利用劳务的增值税即征即退政策	C级年度评价指标得分40分以上不满70分的。 最终分值根据起评分扣掉相应扣分事项对应分值后确定
D	予以惩戒措施:按辅导期一般纳税人政策领用增值税专用发票(月供25份、增量预缴前置),严格限量供应发票;缩短纳税评估周期;D级评价保留2年,第三年纳税信用不得评价为A级;对直接责任人员注册登记或者负责经营的纳税人纳税信用直接	D级年度评价指标得分40分以下的或者直接判级确定的。 直接判定为D级的情况如下: 1. 存在逃避缴纳税款、骗取出口退税、虚开增值税专用发票等行为;

续上表

等级	管理措施	评价标准
D	判为D级；出口企业退税管理类别直接定为四类，从严审核办理退税；列为重点监控对象，发现税收违法违规行为的，不得适用规定处罚幅度内的最低标准；不得享受安置残疾人就业的增值税即征即退政策；不得享受销售自产的资源综合利用产品和提供资源综合利用劳务的增值税即征即退政策；纳税信用级别直接判为D级，适用相应的D级纳税人管理措施；通知出入境管理机关阻止其出境；工商部门限制其担任企业法人代表、董事、监事；金融机构融资授信限制；限制乘坐飞机，限制动车组一等以上座位和软卧、限制入住星级以上宾馆及其他高消费	2. 在规定期限内未缴纳或者未足额缴纳税款、滞纳金和罚款； 3. 提供虚假申报材料享受税收优惠政策； 4. 有非正常户记录或者由非正常户直接责任人员注册登记或负责经营的； 5. 存在税务机关依法认定的其他严重失信情形的"黑名单"纳税人纳税信用的评价时限
M	适用新设立企业	评价年度内无营业收入且年度评分得分70分以上的企业

说明：起评分及扣分标准详情见附件11。

（三）纳税信用评估结果的确定和发布

税务机关每年4月确定上一年度纳税信用评估结果，并为纳税人提供自我查询服务。纳税人对纳税信用评估结果有异议的，可以书面向作出评估的税务机关申请复评。

（四）纳税信用修复

自2020年1月1日起，纳入纳税信用管理的企业纳税人，符合下列条件之一的，可在规定期限内向主管税务机关申请纳税信用修复：

纳税人发生未按法定期限办理纳税申报、税款缴纳、资料备案等事项且已补办的。

未按税务机关处理结论缴纳或者足额缴纳税款、滞纳金和罚款，未构成犯罪，纳税信用级别被直接判为D级的纳税人，在税务机关处理结论明确的期限期满后60日内足额缴纳、补缴的。

纳税人履行相应法律义务并由税务机关依法解除非正常户状态的。

税务机关按照《纳税信用修复范围及标准》调整纳税人该项纳税信用评价指标分值并进行纳税信用评价。非正常户失信行为纳税信用修复一个纳税年度内只能申请一次。纳税年度自公历1月1日起至12月31日止。

需向主管税务机关提出纳税信用修复申请的纳税人应填报"纳税信用修复申请表"，并对纠正失信行为的真实性作出承诺。税务机关发现纳税人虚假承诺的，撤销相应的纳税信用修复，并按照"纳税信用评价指标和评价方式（试行）调整表"予以扣分。主管税务机关自受理纳税信用修复申请之日起15个工作日内完成审核，并向纳税人反馈信用修复结果。

纳税信用修复完成后，纳税人按照修复后的纳税信用级别适用相应的税收政策和管理服务措施，之前已适用的税收政策和管理服务措施不做追溯调整。

三、涉税资料管理

1. 涉税资料的报送要求

项目公司使用计算机记账的，应当在使用前将会计电算化系统的会计核算软件、使用说明书及有关资料报送主管税务机关备案。纳税人建立的会计电算化系统应当符合国家有关规定，并能正确、完整地核算其收入或者所得。

项目公司应当按照税务机关的要求安装、使用税控装置，并按照税务机关的规定报送有关数据和资料。税控装置推广应用的管理办法由国家税务总局另行制定，报国务院批准后实施。

项目公司应当自领取税务登记证件之日起 15 日内，将其财务、会计制度或者财务、会计处理办法报送主管税务机关备案。

2. 涉税资料报备时间及保存

账簿、记账凭证、报表、完税凭证、发票、出口凭证以及其他有关涉税资料应当合法、真实、完整。账簿、记账凭证、报表、完税凭证、发票、出口凭证以及其他有关涉税资料应当保存 10 年，但是法律、行政法规另有规定的除外。

保管期限从会计年度终了后第一天算起。各单位应按年度及时打印当年的纳税申报表，装订成册并归档保管。会计档案的保管、移交和销毁还应符合《会计档案管理办法》及相关规定的要求。

3. 财务会计制度备案操作流程

(1) 填写“财务会计制度及核算软件备案报告书”

登录国家税务总局广西壮族自治区电子税务局→我要办税→综合信息报告、制度信息报告→填写“财务会计制度及核算软件备案报告书”→保存成功。

(2) 点击资料采集

进入资料采集页面→选择→扫描→扫码上传按钮，从本地选择一张图片→上传图片→页面提示“上传完成”→确定即完成资料采集→返回至表单，页面跳转至表单页面；确认填写无误后→提交→页面提示“提交成功”→确定。

(3) 业务办理情况查询

登录国家税务总局广西壮族自治区电子税务局→我要查询→办税进度及结果信息查询，查看该业务办理进度及业务状态。

第五章 财务报表

第一节 财务报表概述

财务会计报告是综合反映企业某一特定日期的财务状况及某一特定时期的经营成果和现金流动情况的书面文件。编制财务会计报告是项目建设企业会计核算的一项重要内容。因此,为进一步发挥项目财务的职能作用,项目财务还需在日常核算的基础上定期系统地归类、整理和汇总会计信息,编制财务会计报告,以便为财务会计报告使用者提供企业综合的财务状况和经营成果的信息资料。

一、财务报告编制的总体要求

各单位应按照《中华人民共和国会计法》和《企业会计准则(2019 年版)》的规定,编制、填报财务报告,不得编制和对外提供虚假的或者隐瞒重大事实的财务报告。

二、财务会计报告的组成

《中华人民共和国会计法》第二十条第二款规定:财务会计报告由会计报表、会计报表附注和财务情况说明书组成。

(1)会计报表。会计报表是企业、单位会计部门在日常会计核算的基础上定期编制的、综合反映财务状况和经营成果的书面文件。企业会计报表按其反映的内容不同,分为资产负债表、利润表、现金流量表、所有者权益(股东权益)变动表。

(2)会计报表附注。会计报表附注是为便于会计报表使用者理解会计报表的内容而对会计报表的编制基础、编制依据、编制原则和方法及主要项目等所作的解释。会计报表附注是财务会计报告的一个重要组成部分,它有利于增进会计信息的可理解性,提高会计信息的可比性和突出重要的会计信息。

(3)财务情况说明书。财务情况说明书主要说明企业的生产经营情况,利润实现及利润分配情况,资金增减和周转情况,财产物资变动情况,对本期和下期财务状况产生重大影响的事项、主要税费的交纳情况、资产负债表日后发生的财务状况有重大影响的事项,需要说明的其他事项。

三、财务会计报告的分类

财务会计报告的分类主要是指会计报表的分类。企业会计报表按照其服务对象、编制时间、编制单位等可分为不同的种类。

会计报表按其服务对象,可分为外部报表和内部报表两大类。外部报表是企业向外部的会计信息使用者报告经济活动和财务收支情况的会计报表,如资产负债表、利润表、现金流量表和所有者权益变动表。这类报表一般有统一的格式和编制要求。内部报表是用来反映经济活动和财务收支的具体情况,为管理者进行决策提供信息的会计报表。这类报表无规定的格式和种类。

会计报表按其编制时间,可分为中期报表和年报。中期报表是指短于一年的会计期间编制的会计报表。年报是年度终了以后编制的,全面反映企业财务状况、经营成果及其分配、现金流量等方面的报表。

会计报表按其编制单位,可分为单户会计报表、汇总会计报表和合并会计报表。单户会计报表是由独立核算的会计主体编制的,用于反映某一会计主体的财务状况、经营成果的会计报表。汇总会计报表是由上级主管部门、专业公司根据基层所属企业所编制的报表汇总编制的报表,汇总编制时还包括主管部门、专业公司本身的业务。合并会计报表是控股公司把其本身与其附属公司看作一个统一的经济实体,用一套会计报表来反映其拥有或控制的所有资产和负债,以及其控制范围内的经营成果的会计报表。合并会计报表反映的是控股公司与其附属公司共同的财务状况和经营成果。

四、财务会计报告的编制原则

为了最大限度地满足财务会计报告使用者的需要,充分发挥财务会计报告的作用,编制财务会计报告时应遵循以下原则:

(1)数字真实。财务会计报告中的各项数字必须真实准确,如实反映企业的经营情况和财务状况,这是编制财务会计报告的基本要求。因此,企业必须按规定结账、认真对账、进行账产清查和试算平衡,在账证相符、账账相符、账实相符的基础上编制财务会计报告。

(2)内容完整。财务会计报告应全面披露企业的财务状况、经营成果和现金流量情况,完整地反映企业财务活动的过程和结果。为了保证财务会计报告的全面、完整,企业在编制财务会计报告时,应按照《企业会计准则》和《企业会计准则——应用指南》规定的格式和内容填报。如果某些重要会计事项报告中没有列项或某些非数量化的事项难以表达,应用附注等形式列示,不得漏报或任意取舍。

(3)相关可比性。企业财务会计报告所提供的财务会计信息必须与报告使用者的决策需要相关。只有提供相关可比的信息,才有助于报告使用者分析企业在整个社会特别是在同行业中所处的位置，了解、判断企业过去、现在的情况，预测企业未来的发展趋势，从而为报告使用者进行决策服务。

（4）编报及时。企业必须按规定的时间编制、报送各种财务会计报告，这样才能保证财务会计报告的及时性，提高财务会计报告的价值。

（5）便于理解。由于财务会计报告是为广大会计报表使用者提供服务的，如果提供的财务会计报告晦涩难懂、不可理解，使用者就不能据此作出准确的判断，财务会计报告的作用也会受到影响，这就要求编制财务会计报告时做到清晰明了、便于理解。

（6）依据各项会计准则确认和计量的结果编制。除现金流量表按照收付实现制原则编制外，企业应当以权责发生制为基础，根据实际发生的交易和事项，按照《企业会计准则——基本准则》和其他各项会计准则以及遵循本手册中各项具体会计处理的规定进行确认计量，并在此基础上编制财务报表。企业不应以在附注中披露代替对交易和事项的确认和计量，不恰当的确认和计量也不能通过充分披露相关会计政策而纠正，即企业如果采用不恰当的会计政策，不得通过在附注中披露等其他形式予以更正，企业应当对交易和事项进行正确的确认和计量。

第二节　财务报表的编制

一、报表编制的要求

根据有关报表编制及上报要求，工程建设项目需要编制并报送的报表有以下类型：国资快报、财政快报、交通厅信息快报、月度、季度、半年度财务报表以及国资决算报表、财政决算报表、固定资产投资报表等。

1. 报表编制的时间要求

各项目公司必须按照国家有关会计制度和准则的规定，定期编制财务报告。财务报告可以分为月度报告、季度报告、半年度报告、年度报告等。

2. 报表编制的格式要求

各项目公司在编制会计报表时应按照 NCC 系统或国资委决算报表软件中的报表固定格式填报，不能随意增列或减并表内项目，更不能任意变更表内各项目的经济内容，以免引起使用方面的混乱。

各项目公司采用 A4 纸横向打印会计报表，对于会计报表的封面，单位名称应当填写全称；注明报表类型、期间；印章应当使用单位行政公章，不能用财务专用章代替；同时要单位负责人、总会计师、会计机构负责人、制表人等人员签名并盖章；随同报送的财务情况说明书，应作为财务报告的内容之一，连同封面和报表一并装订。

3. 年度财务报表的列报要求

(1)基本要求

企业一般应以持续经营作为编制财务报表的基础。项目在财务报表中是单独列报还是合并列报,应当依据重要性原则来判断。列报时应当遵循以下几点要求:

①性质或功能不同的项目,一般应当在财务报表中单独列报,但是不具有重要性的项目可以合并列报;性质或功能类似的项目,一般可以合并列报,但其所属类别具有重要性的应当按其类别在财务报表中单独列报。

②项目单独列报的原则亦适用于附注。某些重要项目不仅应在报表中列示,还应当在附注中做详细披露。某些项目的重要性程度不足以在资产负债表、利润表、现金流量表或所有者权益变动表中单独列示,但是可能对附注而言具有重要性,在这种情况下应当在附注中单独披露。

③《企业会计准则》规定需要单独列报的项目,企业都应当予以单独列报。

(2)列报的一致性

财务报表中的项目名称、项目分类和排序等内容的列报一般应当在各个会计期间保持一致,不得随意变更。当会计准则要求改变或企业经营业务的性质发生重大变化后,变更财务报表项目的列报能够提供更可靠、更相关的会计信息时,财务报表项目的列报可以按照国家及公司的相关规定改变。

(3)财务报表项目金额间的相互抵销

除企业会计准则另有规定外,财务报表项目应当以总额列报,资产和负债、收入和费用、直接计入当期利润的利得和损失不能相互抵销,即不得以净额列报,但其他会计准则另有规定的除外。一组类似交易形成的利得和损失应当以净额列示,但具有重要性的除外。资产或负债项目按扣除备抵项目后的净额列示,不属于抵销。非日常活动产生的利得和损失,以同一交易形成的收益扣减相关费用后的净额列示更能反映交易实质的,不属于抵销。

(4)比较信息的列报

企业在列报当期财务报表时,至少应当提供所有列报项目上一可比会计期间的比较数据,以及与理解当期财务报表相关的说明,但其他会计准则另有规定的除外。

(5)财务报表表首的列报要求

企业应当在财务报表的显著位置概括地说明下列基本信息:

①编报企业的名称,如企业名称在所属当期发生变更的,还应明确标明。

②资产负债表应当列示资产负债表日、利润表、现金流量表,所有者权益变动表应当列示涵盖的会计期间。

③报表数据应当以人民币列报,并标明金额单位。

④财务报表是合并财务报表的,应当予以标明。

二、报表编制前置工作

1. 系统登录

(1)登录内网 VPN(虚拟专用网络)。

(2)安装 Uclient 客户端后,进行登录。

2. 检查核对

(1)每月编制财务月报表前,先检查账务处理的准确性和完整性。检查用友 NCC 财务信息化系统的账务处理是否有错漏,检查各笔凭证所使用的科目、客商辅助、现金流量类型是否正确,金额是否有误等。

(2)盘点实物资产,检查核对现金和银行存款余额与实存数是否一致;是否存在多记、少记、漏记的情况,务必做到账实、账证、账账相符。

(3)对于部分不涉及现金流的凭证,通过核对台账、辅助备查表与科目余额表的数据逻辑关系,确保无重复记账或者漏记账情况。

(4)清理、核对往来账。其包含员工公务借款、集团内外单位往来款等,特别是集团合并范围内的往来,务必要核对一致,否则将对集团公司合并抵销数据的准确性产生影响。

(5)联合项目公司人力资源部门,理清项目公司职工人数(年均、年末),核对应发、已发薪酬,应发、已发工资务必核对一致。

(6)检查借款利息的计提有无缺漏。特别是对应计提尚未支付的借款利息,检查有无漏计提情况。

(7)成本费用、收入、利润的结转,检查科目余额表,损益类科目期末不应有余额,利润分配除未分配利润外,其他明细科目不应有余额。

(8)重大调整事项,需报集团公司批准方可调整,如期初余额需调整等事项。

(9)确认核对无误后,运用用友 NCC 财务报表软件生成资产负债表、利润表、现金流量表、所有者权益变动表四张主表。

三、NCC 报表编制

1. 单户报表填制

(1)点击【企业绩效管理—企业报表—报表数据中心】。

(2)选择需要填制报表的公司(报表主组织)。

(3)选择需要填制的报表任务和填制时间,点击“查询”。

(4)点击计算,计算报表数据。

(5)计算完成后,确认数据正确即可点击保存。

发现数据有误时,可以通过数据追踪联查,选中绿色有公式单元格,点击鼠标右键,然后点击“计算”,也可以点蓝色公式编码联查明细。

注意:报表数据取科目余额表,往来科目请查辅助余额表核对。

(6)审核通过后点击【报送管理—任务上报】,完成报表上报任务。

注意:报表未上报时可以对报表进行多次计算,当月报表一旦上报则不可修改,只能通过任务请求退回,由集团公司将报表退回后进行修改。

2. 多账套数据手工合并步骤

(1)导出各账套单户报表。

(2)利用 Excel 对多个账套的四大主表进行加总,形成加总报表,其间需要注意数据的相对引用和绝对引用的转换。

(3)编制合并底稿,编制各科目借贷方调整分录、各账套之间往来抵销分录以及账套之间现金流的抵销分录。

(4)将调整、抵销分录计入加总后的报表,计算出合并数据。

3. 数据复核

(1)检查四张主表是否存在逻辑错误,与财务账核对是否账表一致。

(2)通过用友 NCC 财务核算软件查询科目余额表、辅助余额表,检查是否需要进行报表项目重分类,对于需要进行报表项目重分类的则手动调整资产负债表报表项目(无须调账)。

(3)检查系统自动重分类项目是否正确。选定资产负债表项目,在"数据"中选择"数据追踪",点击"计算"即可看到该项目的数据来源,核对数据是否分类正确。

(4)在"审核"中点击"任务审核",审核通过后保存全部。

(5)导出 Excel 套表并对报表项目进行分析,编制报表编制说明,报部门领导、公司领导审核。纸质材料无须报送,完善签章手续后,留存归档。

四、报表各项数据说明

1. 预付账款、其他非流动资产

其用于核算企业按照合同规定预付的款项,根据《企业会计准则第 30 号——财务报表列报》规定:流动资产是预计一个正常经营周期的变现或消耗。

项目正常营业周期为工期,完工后,资产通过最终形成的固定资产折旧来消耗。假设工期 3 年,试运营 3 年,合计 6 年开始消耗。超过正常工期,可以划分为非流动资产。所以,支付预付工程款、预付征迁款在预付账款入账,报表列报在其他非流动资产。如果将预付款项计入"流动资产",会造成报表流动性失真。

2. 其他应收款

(1)应根据"其他应收款"和"其他应付款"科目的所属各明细科目期末借方余额合计数,减去"坏账准备"科目中就其他应收款计提的坏账准备期末余额后的金额填列。例如,"其他应收款"科目所属明细科目期末有贷方余额,应在本表"其他应付款"项目内填列。

(2)应根据"应收股利"科目的期末余额,减去"坏账准备"科目中就应收股利计提的坏账准备期末余额后的金额填列。

(3)应根据“应收利息”科目的期末余额,减去“坏账准备”科目填列。

3. 固定资产

(1)定义

根据《企业会计准则第 4 号——固定资产》的相关规定,固定资产的定义是为生产商品、提供劳务、出租或经营管理持有,使用寿命超过一个会计年度的资产。

根据《广西交通投资集团有限公司固定资产管理办法》(桂交投发〔2016〕98 号)第二条:本办法所指固定资产是指集团公司及其所属单位所有购入、自行建造、融资租入、投资转入、无偿调入、盘盈等单位价值在 2000 元以上,且使用期限超过 1 年的有形资产。

(2)折旧年限与折旧办法

《企业会计准则第 33 号——合并财务报表》第二十七条规定:母公司应当统一子公司所采用的会计政策,使子公司采用的会计政策与母公司保持一致。子公司所采用的会计政策与母公司不一致的,应当按照母公司的会计政策对子公司财务报表进行必要的调整;或者要求子公司按照母公司的会计政策另行编报财务报表。

集团合并报表要求:会计政策要统一,即折旧方法、折旧年限、残值率等均需与集团公司一致。

4. 在建工程与固定资产、无形资产的划分

《企业会计准则第 4 号——固定资产》第九条规定:自行建造固定资产的成本,由建造该项资产达到预定可使用状态前所发生的必要支出构成。

所购建的固定资产达到预定可使用状态是指资产已经达到购买方或建造方预定的可使用状态,具体可从以下几个方面判断:固定资产的实体建造(包括安装)工作已经全部完成或者实质上已经完成;所购建的固定资产与设计要求或合同要求相符或基本相符,即使有极个别与设计或合同要求不相符的地方,也不影响其正常使用;继续发生在所购建固定资产上的支出金额很少或几乎不再发生。

《公路工程竣(交)工验收办法》第十四条规定,试运营期不得超过 3 年,而竣工决算鉴定意见要求 3 年内必须完成竣工验收。所以,在建工程与固定资产、无形资产的划分时间为 3 年和交通厅出具竣工决算鉴定意见较早者。

5. 应付职工薪酬

(1)职工定义

《企业会计准则第 9 号——职工薪酬》第三条规定:本准则所称职工,是指与企业订立劳动合同的所有人员,含全职、兼职和临时职工,也包括虽未与企业订立劳动合同但由企业正式任命的人员。未与企业订立劳动合同或未由其正式任命,但向企业所提供服务与职工所提供服务类似的人员,也属于职工的范畴,包括通过企业与劳务中介公司签订用工合同而向企业提供服务的人员。

注意:劳务派遣、实习生、临时工属于职工范畴,劳务外包不属于职工范畴;人力部规定的职工是和企业签订正式合同的员工,范畴比会计准则的小。

(2)短期薪酬

《企业会计准则第9号——职工薪酬》第五条规定:企业应当在职工为其提供服务的会计期间,将实际发生的短期薪酬确认为负债,并计入当期损益,其他会计准则要求或允许计入资产成本的除外。

短期薪酬指企业在职工提供相关服务的年度报告期间结束后12个月内需要全部予以支付的职工薪酬,因解除与职工的劳动关系给予的补偿除外。短期薪酬具体包括:职工工资、奖金、津贴和补贴,职工福利费,医疗保险费、工伤保险费和生育保险费等社会保险费,住房公积金,工会经费和职工教育经费,短期带薪缺勤,短期利润分享计划,非货币性福利以及其他短期薪酬。

(3)其他

《企业会计准则第9号——职工薪酬》第六条规定:企业发生的职工福利费,应当在实际发生时根据实际发生额计入当期损益或相关资产成本。职工福利费为非货币性福利的,应当按照公允价值计量,即福利费不可以按比例预提,要据实计提,一般情况下应付职工薪酬福利费期末无余额。

《企业会计准则第9号——职工薪酬》第七条规定:企业为职工缴纳的医疗保险费、工伤保险费、生育保险费等社会保险费和住房公积金,以及按规定提取的工会经费和职工教育经费,应当在职工为其提供服务的会计期间,根据规定的计提基础和计提比例计算确定相应的职工薪酬金额,并确认相应负债,计入当期损益或相关资产成本。上述科目应按照规定的比例计提(集团公司另有要求的除外)。

因为准则规定并且根据管理需要,短期薪酬及其他薪酬均要经过应付职工薪酬科目核算。

6. 应交税费

(1)科目定义

应交税费科目用于核算企业按照税法等规定计算应缴纳的各种税费,包括增值税、消费税、所得税、资源税、土地增值税、城市维护建设税、房产税、土地使用税、车船税、教育费附加、矿产资源补偿费等(根据"应交税费"科目贷方累计发生额填列)。

按准则规定,企业代扣代交的个人所得税等,通过应交税费核算,并且在应交税费列报。所以,编制年报附注的时候,应交税费应当包含个人所得税。

(2)国资快报与国资决算要求

本年应交税费总额:反映企业本年应交的增值税、资源税、城市维护建设税、企业所得税、教育费附加及其他税费的合计金额。

其他税费:反映除表中所列各项税费外,企业应交纳的城镇土地使用税、土地增值税、契税、印花税、土地使用税、房产税、车船税等所有其他各项税费的交纳情况。地方教育附加应填列在“教育费附加”项目中,不在本项目反映。

(3)资产负债表中应交税费与应交税金的差异

应交税费包括税金和其他应交款,其他应交款是指企业需要向国家缴纳的各项款项中除了税金以外的各种应交款项,主要包括教育费附加、车辆购置附加费、矿产资源补偿费等。2006 年的会计准则,将“其他应交款”取消。“其他应交款”和“应交税金”合并成“应交税费”,教育费附加、矿产资源补偿费都不再在“其他应交款”中核算。所以,应交税费与应交税金的差异主要是教育费附加、地方教育附加、车辆购置附加费、矿产资源补偿费等。

7. 其他应付款与利息

报表中,“其他应付款”项目,应根据“应付利息”“应付股利”和“其他应付款”科目的所属各明细科目期末贷方余额合计后填列。例如,“其他应付款”科目所属明细科目期末有借方余额,应在本表“其他应收款”项目内填列。

内部借款原则上按照集团公司、结算中心、财务公司计算的利息单确认利息,外部借款需要计提满勤的利息。

8. 长期借款与一年内到期的非流动负债

长期借款科目用于核算企业向集团财务公司、银行或其他金融机构等借入的期限在 1 年以上(不含 1 年)的各项借款。

向集团财务公司、银行或其他金融机构等借入的期限在 1 年以下(含 1 年)的各项借款计入短期借款项目。

从资产负债表日开始算起,期限在一年内的长期借款重分类至一年内到期的非流动负债项目。

9. 长期应付款

长期应付款科目核算企业除长期借款和应付债券以外的其他各种长期应付款项,包括应付融资租入固定资产的租赁费、以分期付款方式购入固定资产等发生的应付款项等。

注意:

(1)现在融资模式变成子公司直接和银行机构签订合同,集团公司提供担保。此类情况需要在长期借款中反映,属于银行借款。

(2)项目公司向集团公司、结算中心等借入的期限在 1 年以上(不含 1 年)的各项借款(包括统借统贷)计入长期应付款项目,借款期限在 1 年以下(含 1 年)的各项借款计入其他应付款。

10. 实收资本与资本公积

(1)《企业财务通则》(中华人民共和国财政部令第 41 号)第二十条规定:企业取得的各类财政资金,区分以下情况处理:

①属于国家直接投资、资本注入的,按照国家有关规定增加国家资本或者国有资本公积。

②属于投资补助的，增加资本公积或者实收资本。国家拨款时对权属有规定的，按规定执行；没有规定的，由全体投资者共同享有。

③属于贷款贴息、专项经费补助的，作为企业收益处理。

④属于政府转贷、偿还性资助的，作为企业负债管理。

⑤属于弥补亏损、救助损失或者其他用途的，作为企业收益处理。

(2)项目公司收到集团公司下拨的资金，首先应明确是否为财政资金，如车辆购置税、财政补助(看具体文件)。如果是财政资金，按照《企业财务通则》第二十条处理；如果是集团公司自筹的资金，虽然摘要写资本金，但一般先计入其他应付款，集团公司另有规定的除外。

11. 收入

(1)政府还贷项目和经营性项目收入确认差别。

政府还贷项目通行费收入属于政府基金，免增值税；经营性项目通行费收入要考虑增值税的影响，要做价税分离处理。

(2)按照费用归属期确认成本、费用。成本的确认应与收入相匹配。费用的确认应依据合同条款、历史事实判断，属于某一个期间应承担的费用，应在对应的期间分期确认；不属于上述情况的，在费用发生当时确认。

(3)正确计提当期所得税费用和递延所得税费用，按税法口径计提当期所得税费用，按税费暂时性差异计提递延所得税费用。

(4)正确划分资产性支出和费用性支出，划分为资本化的支出应满足准则要求的条件，否则应当确认为费用，计入当期损益。

(5)通行费清分收入严格按照集团公司的要求确认。

12. 成本

根据集团公司项目运营模式以及集团公司会计政策，项目成本包括委托管养成本与折旧等。

(1)委托管养成本

根据集团公司经营管理要求，经营性项目和政府还贷项目在核算成本时应做价税分离处理；按简易计税方式增收缴纳增值税的老项目，不用做价税分离处理。

委托管养成本对应的是运营公司的收入，运营公司以支定收，支出对应的是人工成本、养护成本、管理费用等。

(2)折旧

路产按照车流量法计提折旧，一般净残值为0，年限为通车之日起30年，具体以当年各单位的政策要求为准。

注意：除了设备以外，房屋等构造物统一作为路产整体入账。设备按照平均年限法计提折旧。征地拆迁形成的土地使用权属于划拨用地，没有规定具体使用年限，不用计提摊销。

13. 税金及附加

根据《增值税会计处理规定》(财会〔2016〕22号)的规定，全面试行“营业税改征增值税”

后,“营业税金及附加”科目名称调整为“税金及附加”科目,该科目核算企业经营活动发生的消费税、城市维护建设税、资源税、教育费附加及房产税、土地使用税、车船税、印花税等相关税费。

利润表的税金及附加涵盖:消费税、城市维护建设税、教育费附加、资源税、房产税、城镇土地使用税、车船税、印花税、水利建设基金等。耕地占用税、契税、车辆购置税等计入资产。

14. 财务费用

筹备、在建和试运营项目无财务费用,相关费用开支计入在建工程——待摊投资。

15. 其他收益与营业外收入(政府补助)

《企业会计准则第16号——政府补助》第八条规定:与资产相关的政府补助,应当冲减相关资产的账面价值或确认为递延收益。

《企业会计准则第16号——政府补助》第十一条规定:与企业日常活动相关的政府补助,应当按照经济业务实质,计入其他收益或冲减相关成本费用。与企业日常活动无关的政府补助,应当计入营业外收支。

日常活动指通常情况下,政府补助补偿的成本费用如果是营业利润之中的项目,或者该补助与日常销售等经营行为密切相关,则该政府补助与日常活动相关。与日常活动无关的政府补助,通常由企业常规经营之外的原因产生,有偶发性的特征。新准则下,大多数与收益相关的政府补助都是计入其他收益的。奖金、奖励、专项资金类型的政府补助计入营业外收入,稳岗补贴等补偿成本费用计入其他收益,退税属于奖励性质的计入营业外收入,收到的通行费补助计入其他收益。

16. 资产处置损益与营业外支出

资产处置损益科目反映企业出售划分为持有待售的非流动资产(金融工具、长期股权投资和投资性房地产除外)或处置组(子公司和业务除外)时确认的处置利得或损失,以及处置未划分为持有待售的固定资产、在建工程、生产性生物资产及无形资产而产生的处置利得或损失。债务重组中因处置非流动资产产生的利得或损失和非货币性资产交换中换出非流动资产产生的利得或损失也包括在本项目内。本项目应根据“资产处置损益”科目的发生额分析填列。如为处置损失,以“—”填列。

出售、转让是有价值的行为,报废损毁是无价值的行为。有价值的行为计入资产处置损益,无价值的行为计入营业外支出。出售、转让、重组过程中处置资产形成的利得和损失计入资产处置损益;报废、损毁的资产计入营业外支出。

五、重要事项的处理

1. 报表重分类

为了真实准确地反映资产负债情况,避免财务指标因未进行重分类处理而产生异常波动,各公司应当对报表重分类。其中需要注意的事项是确保“账表一致”,要求科目余额表 + “重分类”调整底稿数等于“报表数”。“重分类”调整底稿应该作为编制附件留存。

(1)重分类规则

①根据《企业会计准则第30号——财务报表列报》进行财务报表列报编制,对报表项目进行重分类。重分类时应当注意调表不调账,要求科目余额表+"重分类"调整底稿数等于"报表数",确保"账表一致"。"重分类"调整底稿应该作为编制附件留存。

②重分类应当按照科目余额表的客商辅助以及科目末级余额进行重分类,对应规则是:应收账款—预收账款;预付账款—应付账款;其他应收款—其他应付款;应交税费—其他流动资产(如"应交税费"科目下的"应交增值税""未交增值税""待认证进项税额"等明细科目期末余额若为借方余额,应重分类到资产负债表的"其他流动资产"项目列示)。

(2)重分类类别

①定义重分类。

当资产类(负债类)某个客商辅助出现贷方(借方)余额时,不符合资产(负债)定义,应当将资产(负债)重分类至相应的负债(资产)。其主要涉及科目有"应收账款""预付账款""其他应收款""应付账款""预收账款""其他应付款""应交税费""应付职工薪酬"等。

②超过一个经营周期重分类。

根据资产(负债)是否超过一个正常的经营周期(一般是1年)划分为流动资产(负债)、非流动资产(负债)。其主要涉及科目有"预付账款""其他非流动资产""长期借款""应付债券""长期应付款"。

③口径延续重分类。

前一年的年报审计报告已经重分类的事项,本年应当保持口径的延续。主要涉及科目有"应收利息""预付账款""持有至到期投资""可供出售金融资产""长期股权投资"。

(3)重分类案例

应收账款重分类案例如图5-1所示。

重分类前:应收账款客商辅助明细如下:

客商	期初余额	本期增加	本期减少	期末余额
A	100	50	200	-50
B	100	100	50	150
合计	200	150	250	100

重分类后:调表不调账,调整过程写在报表底稿里,不在账上体现,调整后结果如下:

报表项目	期初余额	期末余额
应收账款	200	150
预收账款	0	50

调整分录:
对A客商期末余额为负数重分类调整:
借:应收账款 50
　　贷:预收账款　50

注意:调整分录是一次性的,不会延续到第二年每年年末按照余额作重分类操作

图5-1　应收账款重分类案例

应交税费重分类案例中，应交税费在 NCC 账上科目余额如图 5-2 所示。未调整前，“资产负债表”的应交税费为负数。

项目	行次	期末余额	期初余额	项目	行次	期末余额	期初余额
流动资产：	1	——	——	流动负债：	75	——	——
货币资金	2	1,893,546,962.79		短期借款	76		
△结算备付金	3			△向中央银行借款	77		
△拆出资金	4			△拆入资金	78		
☆交易性金融资产	5			☆交易性金融负债	79		
以公允价值计量且其变动计入当期损益的金融资产	6			以公允价值计量且其变动计入当期损益的金融负债	80		
衍生金融资产	7			衍生金融负债	81		
应收票据	8			应付票据	82		
应收账款	9			应付账款	83	614,291,886.02	
☆应收款项融资	10			预收款项	84		
预付款项	11			☆合同负债	85		
△应收保费	12			△卖出回购金融资产款	86		
△应收分保账款	13			△吸收存款及同业存放	87		
△应收分保合同准备金	14			△代理买卖证券款	88		
其他应收款	15	70,457,106.29		△代理承销证券款	89		
其中：应收股利	16			应付职工薪酬	90	515,340.62	
△买入返售金融资产	17			其中：应付工资	91		
存货	18			应付福利费	92	未调整前，应交税费为负	
其中：原材料	19			#其中：职工奖励及福利基金	93		
库存商品（产成品）	20			应交税费	94	-550,475,526.96	
☆合同资产	21			其中：应交税金	95	-550,475,526.96	
持有待售资产	22			其他应付款	96	51,780,505.62	
一年内到期的非流动资产	23			其中：应付股利	97		
其他流动资产	24			△应付手续费及佣金	98		
流动资产合计	25	1,964,004,069.08		△应付分保账款	99		

图 5-2 “资产负债表”应交税费数(未调整前)

将“应交增值税”“待认证进项税”科目借方余额重分类调整至“其他流动资产”，“资产负债表”的相关项目如图 5-3 列报。

项目	行次	期末余额	期初余额	项目	行次	期末余额	期初余额
流动资产：	1	——	——	流动负债：	75	——	——
货币资金	2	1,893,546,962.79		短期借款	76		
△结算备付金	3			△向中央银行借款	77		
△拆出资金	4			△拆入资金	78		
☆交易性金融资产	5			☆交易性金融负债	79		
以公允价值计量且其变动计入当期损益的金融资产	6			以公允价值计量且其变动计入当期损益的金融负债	80		
衍生金融资产	7			衍生金融负债	81		
应收票据	8			应付票据	82		
应收账款	9			应付账款	83	614,291,886.02	
☆应收款项融资	10			预收款项	84		
预付款项	11			☆合同负债	85		
△应收保费	12			△卖出回购金融资产款	86		
△应收分保账款	13			△吸收存款及同业存放	87		
△应收分保合同准备金	14			△代理买卖证券款	88		
其他应收款	15	70,457,106.29		△代理承销证券款	89		
其中：应收股利	16			应付职工薪酬	90	515,340.62	
△买入返售金融资产	17			其中：应付工资	91		
存货	18			应付福利费	92		
其中：原材料	19			#其中：职工奖励及福利基金	93		
库存商品（产成品）	20			应交税费	94	41,816.64	
☆合同资产	21			其中：应交税金	95	41,816.64	
持有待售资产	22			其他应付款	96	51,780,505.62	
一年内到期的非流动资产	23			其中：应付股利	97		
其他流动资产	24	550,517,343.60		△应付手续费及佣金	98		
流动资产合计	25	2,514,521,412.68		△应付分保账款	99		

图 5-3 “资产负债表”应交税费数(调整后)

2. 重要事项的处理

(1)根据财政部新修订的《企业会计准则第 22 号——金融工具确认和计量》(财会〔2017〕7 号)、《企业会计准则第 14 号——收入》(财会〔2017〕22 号)、《企业会计准则第 21 号——租赁》(财会〔2018〕35 号)的规定进行相关会计处理，做好新旧准则的衔接。根据规定，非上市公司以 2021 年 1 月 1 日为施行“新金融工具准则”“新收入准则”“新租赁准则”首次执行日。

(2)按照“控制”原则确定合并范围；同一控制下企业合并、处置子公司股权丧失控制权的情况请分别参照准则有关条款进行处理。

(3)“达到预计可使用状态”的在建工程需要结转固定资产,“达到预计可使用状态”的条件请参照准则有关条款。

(4)报表基本钩稽关系。

①资产 = 负债 + 所有者权益。

②未分配利润变动 + 盈余公积变动 = 本期归属母公司的净利润。

③货币资金 = 现金流量表期末现金等价物 – 受限货币资金(项目公司受限货币资金一般为0)。

④本期归属母公司净利润 = 所有者权益变动表本年数(未分配利润 – 综合收益总额)。

⑤盈余公积变动 = 所有者权益变动表本年数 –(未分配利润 – 提取盈余公积)= 盈余公积 – 提取盈余公积。

⑥资产负债表所有者权益科目期末余额 = 所有者权益变动表的期末数。

⑦资产负债表所有者权益科目期初余额 = 所有者权益变动表的期初数。

(5)现金流量表与资产负债表、所有者权益表的钩稽关系。

①利润表存在收入、成本费用的,应对应现金流量表经营活动现金流量。

②与资产负债表“非流动资产”有关的项目,应对应现金流量表投资活动有关现金流量,如“持有至到期投资”“可供出售金融资产”“长期股权投资”“固定资产”“在建工程”“无形资产”等,但不包含资本化利息。

③引起债务金额变动、利息变动(含资本化利息)的应对应筹资活动有关的现金。引起债务金额变动的报表项目主要有“短期借款”“一年内到期的非流动负债”“长期借款”“应付债券”“长期应付款”以及在“其他应付款”“其他流动负债”列报的带息负债。影响利息变动的主要是“应付利息”。

④引起所有者权益“实收资本”“资本公积”金额变动的,应对应筹资活动有关的现金。

(6)按权责发生制核算收入以及成本费用。

①严格按照收入所属期间确认收入。提供商品或劳务的,要依据合同确定是属于按照一段期间确认收入的情况,还是属于按照时点确认收入的情况。如果企业在整个合同期内有权就累计至今已完成的履约部分收取款项,一般按照履约进度确认收入(完工百分比);不属于按期间确认收入的,则在相应合同义务履行完毕,且客户获得商品或服务控制权的时点确认收入。

②按照费用归属期确认成本、费用。成本的确认应与收入相匹配。费用的确认应依据合同条款、历史事实判断,属于某一个期间应承担的费用,应在对应的期间分期确认;不属于上述情况的,在费用发生当时确认。

(7)联营企业、合营企业投资收益按联营企业、合营企业报表数据计算。

(8)正确执行财政部新修订的收入准则、租赁准则、金融工具准则。

3. 附注需要注意的事项

(1)附注注释项必须和报表项目金额一致。

(2)“应收款项、其他应收款”附注中,“单项金额重大单项计提坏账的”“单项金额虽不重大但单项计提坏账准备的”的统计范围是:诉讼、纠纷、债务人财务情况恶化,明确无法偿还的应收款项,且一定是以前年度或者本年度计提坏账准备的。不属于前述两类“单项”的应纳入“信用风险组合”。集团公司“信用风险组合”的统计范围是:“关联方组合”“保证金、备用金组合”“应收政府部门款项组合”“路内贸易业务组合”“通行费收入组合”“账龄组合”。其中,“账龄组合”相当于“信用风险组合”补充项,不属于“关联方组合”“保证金、备用金组合”“应收政府部门款项组合”“路内贸易业务组合”“通行费收入组合”的才纳入“账龄组合”。“信用风险组合”中,“关联方组合”“保证金、备用金组合”“应收政府部门款项组合”“路内贸易业务组合”“通行费收入组合”是不计提坏账准备的。

六、国资报表系统的使用

1. 数据的装入

(1)装入新任务的参数

如图 5-4 所示,在“装入”中选择参数,点击“下一步”,选择“装到新建任务”,选择任务路径并点击“确定”,到“下一步”“开始”装入新任务的参数。

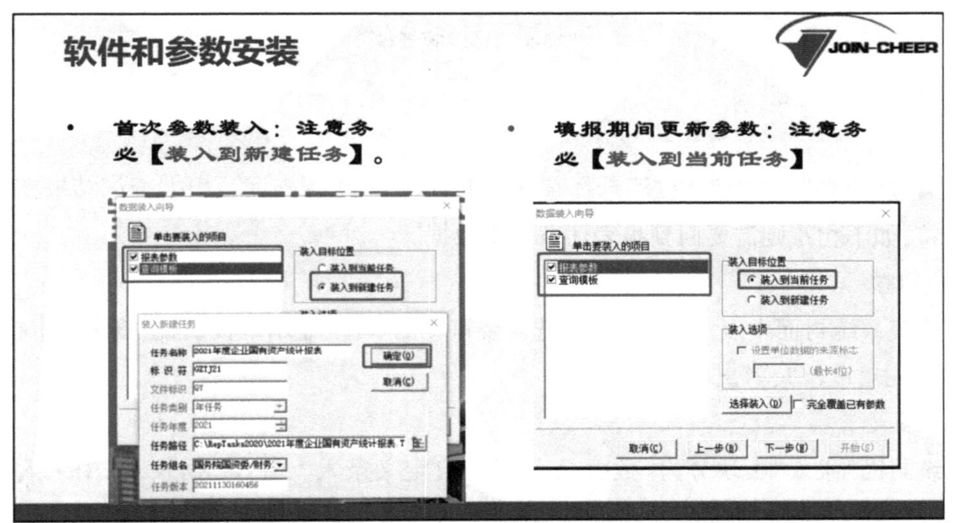

图 5-4　软件和参数安装

同时,进行参数更新:①选择需要更新参数的任务作为当前任务,在“装入”中选择参数,点击“下一步”选择“装到当前任务”,勾选“完全覆盖”,点击“下一步”“开始”装入参数更新(注意:参数更新前需做好备份工作)。②新参数装入之后,在“高级”中选择“数据库维护”,勾选所有选项维护。

(2)装入 JIO 数据

①选择需要编辑的任务作为当前任务,在“装入”中选择需要编辑的 JIO 文件,点击“下

一步”,选择“装到当前任务”,点击“下一步”“开始”装入。当装入的数据当前任务已有时,可以选择“装入”或者“不装入”,完成装入。

②换电脑后可以按照图5-5进行历史数据迁移。

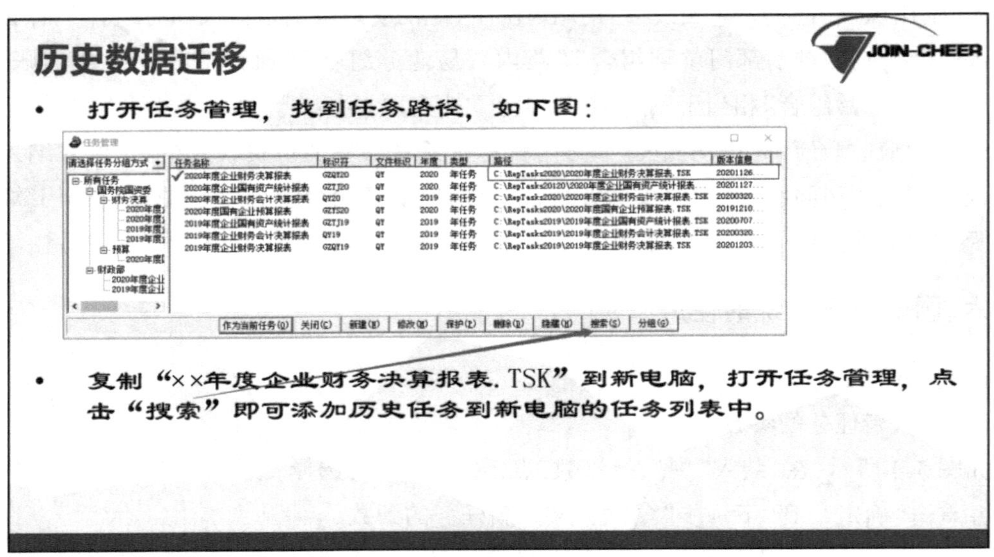

图5-5　历史数据迁移

2. 主界面的使用

(1)查询

可通过“查询”—“查询模板”选择查询模板后点击“执行查询”,根据查询结果核对数据是否相符,如不相符则需要回到报表任务修正数据。

(2)审核

在报表系统封面中点击“审核”,勾选需要审核的单位、显示审核设置、核实性审核、合理性审核,点击“审核”,得出审核结果。

(3)录入

系统封面“录入”板块分为“数据录入”与“自定义录入”,在“数据录入”中录入报表数据;“自定义录入”可自建模板录入,可以快捷录入对应指标的数据、录入并修改正确的封面代码等。

3. 数据的传出

(1)Excel或者套表的传出

在“传送”中选择“导出Excel文档”,选择需要导出的单位等,确定后选择需要导出的报表,确定后即可导出。

(2)JIO的传出

可选择“传出”或者“传送”中的“数据传出”,所有数据一起传出则按照默认选项传出;

当只需要传送部分单位或者部分报表时，选择第二选项“传出参数或者选择数据及测算分析参数”，勾选“单位数据”，选择单位、报表等。

4. 数据转换

如图5-6和图5-7所示，国有资产决算报表数据可以通过主界面的“传送”菜单导到国有资产统计报表或者财政决算报表。转换数据前，必须按照要求正确关联任务，且不得随意改变关联任务顺序，否则数据导入导出失败。

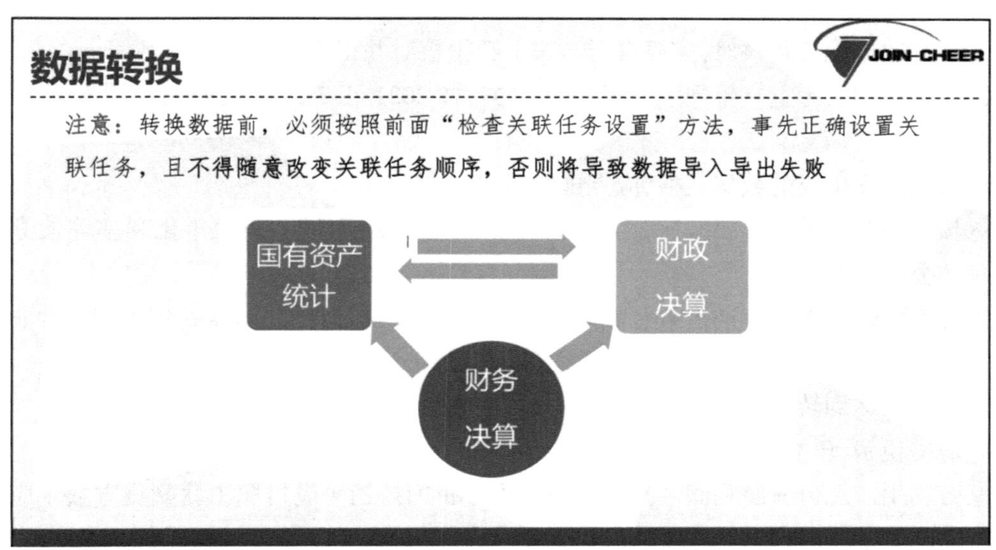

图5-6　数据转换1

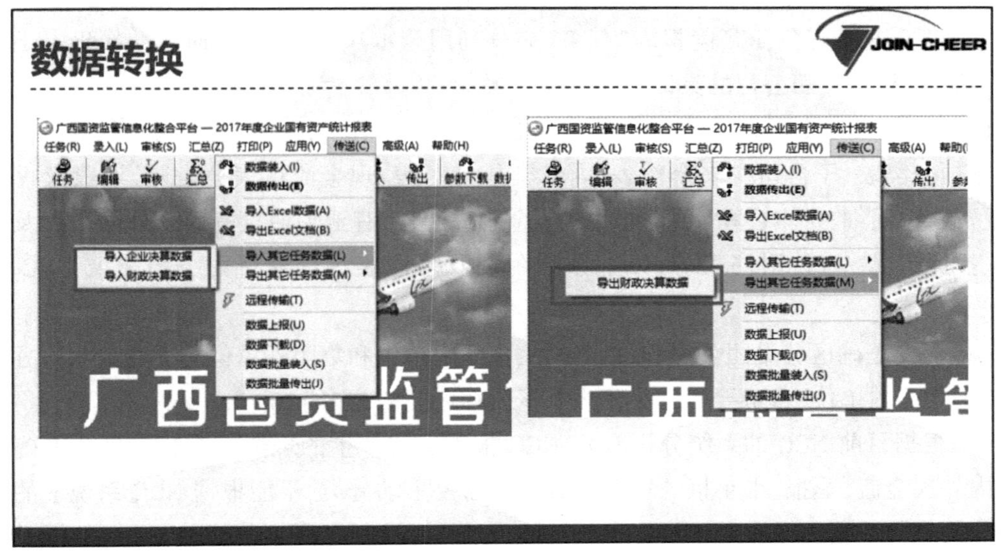

图5-7　数据转换2

5. 月报的编辑

(1)系统数据的填报

每月根据经审核无误的财务月报表数据及财务账数据在国资软件、财政软件系统内完成国资快报、财政快报填报,充分运用软件全审功能,经全审通过后导出 JIO 文件并上报集团公司。

(2)注意事项

①旬报、月报以万元为单位,季报、半年报、年报以元为单位。

②部分数据无公式核对,需要自行与账上数据核对并正确填列。

③上年同期数为上一年同一时间段的数据,如 2021 年 3 月月报的上年同期数为 2020 年 3 月数据。

④系统自动生成的数据表格,应点击“运算”并保存。

⑤债务检测报表务必要按照分类填写,应填尽填,发行日期、票面年化利率等债券要素联系集团公司获取。

⑥带息负债总额 = 短期借款总额 + 其他应付款总额(带息部分) + 一年内到期的非流动负债总额 + 长期借款总额 + 长期应付款总额(带息部分)。

⑦项目在达到转固前,与项目建设相关发生的借款利息,均应予以资本化。

⑧应交税费、已交税费项目不包含个税。

⑨劳动生产总值 = 净利润 - 投资收益 + 本年折旧摊销 + 应付职工薪酬贷方数 + 应交税费(国资委口径)。

6. 季报的编辑

(1)每季度根据经审核后的报表数据及财务账数据在国资软件系统内编制季报,编制时选择“广西交通投资集团月度报表”任务,充分利用全审功能,经全审通过后导出电子文件(JIO 格式),根据集团公司的具体通知时间上报。

(2)季度、半年度报表、年度决算报表,根据集团公司要求,还需填报与集团本部对账表、往来款项分类表、子公司往来余额表、内部交易核对表、现金流量表分类、长期股权投资明细、投资收益明细、资本公积明细、可供出售金融资产、持有至到期投资等系列附表以及未决诉讼、担保情况、WPE 附注表等,以上系列附表及附注表等均通过财务报表或 NCC 查账取数。

(3)需要正确区分集团公司和结算中心、集团内单位和集团外单位等。往来款项分类表中“其他集团内单位”金额要等于集团内部子公司之间的往来余额。

(4)根据目前 NCC 的系统分析能力,NCC 报表系统产生的现金流量暂时无法准确区分集团内外现金流,季报、半年报的现金流量分类需要手动分类,不能根据 NCC 系统上的现金流量分析表的数据直接填列。

7. 年报的编辑

每年度根据经审核后的 12 月财务月报表数据及财务账数据在国资软件、财政软件系统内完成国资决算报表、国资统计报表和财政决算报表填报,充分使用全审功能,应填尽填,经全审通过后导出电子文件(JIO 格式)上报。一般次年 1 月上报一稿,后续版本根据集团公司具体通知上报。

(1)封面代码填报

封面代码填报可手动填报也可以从上一年提取。提取可以从主界面的“录入”菜单中选择“封面代码提取”,然后按路径提取上一年度对应报表的封面代码。

①企业类别选择“11 境内企业”。

②企业代码为统一社会信用代码。

③报表审计机构需要填写全称。

④行政隶属关系填写“450000 广西壮族自治区”。

⑤部门标识代码选择“447 国务院国有资产监督管理委员会(监管企业)”。

⑥如无集团公司特别通知,项目公司的工资管理标识码均为“工资总额预算管理”。

⑦审计方式和审计意见类型为“社会中介机构审计”和“标准无保留意见”。

⑧上报因素为“连续上报”“新投资设立”“划转”“收购”等,本年非新设公司、合并划入的,上报因素选择“0 连续上报”。

⑨根据工业和信息化部、国家统计局、国家发展和改革委员会、财政部 2011 年 6 月 18 日联合印发的《关于印发中小企业划型标准规定的通知》(工信部联企业〔2011〕300 号)中的划分标准,交通运输业中,从业人员 1000 人以下或营业收入 30000 万元以下的为中小微型企业。其中,从业人员 300 人及以上,且营业收入 3000 万元及以上的为中型企业;从业人员 20 人及以上,且营业收入 200 万元及以上的为小型企业;从业人员 20 人以下或营业收入 200 万元以下的为微型企业。

⑩上年企业代码填列“本企业代码 + 报表类型”。

⑪利用自定义录入,填写部分未显示的指标。

(2)期初余额的提取

在报表软件的初始界面,选择“录入—上年数据提取”,想要直接提取上年数据,关联任务设置顺序必须要准确,不得随意更改,在软件主界面选择“高级”菜单,然后选择“关联任务定义”,对决算报表、国有资产统计报表进行关联,关联任务顺序如图 5-8、图 5-9 所示。

(3)多数据库管理

国资系统支持多数据库功能,用于存放不同企业或不同版本的数据。新增数据库可按以下流程操作:在主菜单的“高级”菜单中选择“数据库管理”,然后新增或者选择数据库。

(4)查找报表与指标

如图 5-10 所示,点击录入界面左上角的“选表”菜单或者右上角的“…”符号,弹出选择报表提示框,然后右击任意一个表名查找对应指标或者报表。

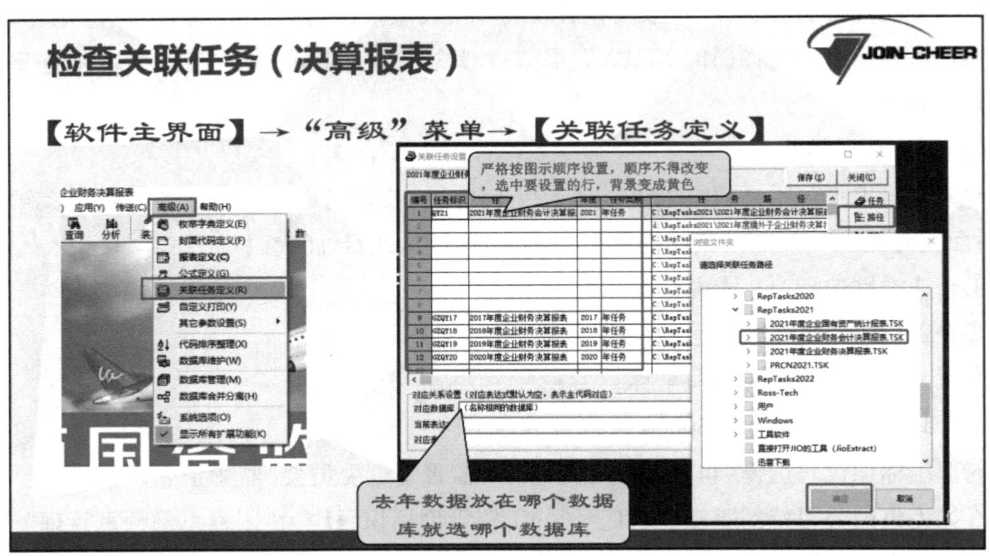

图 5-8　检查关联任务(决算报表)

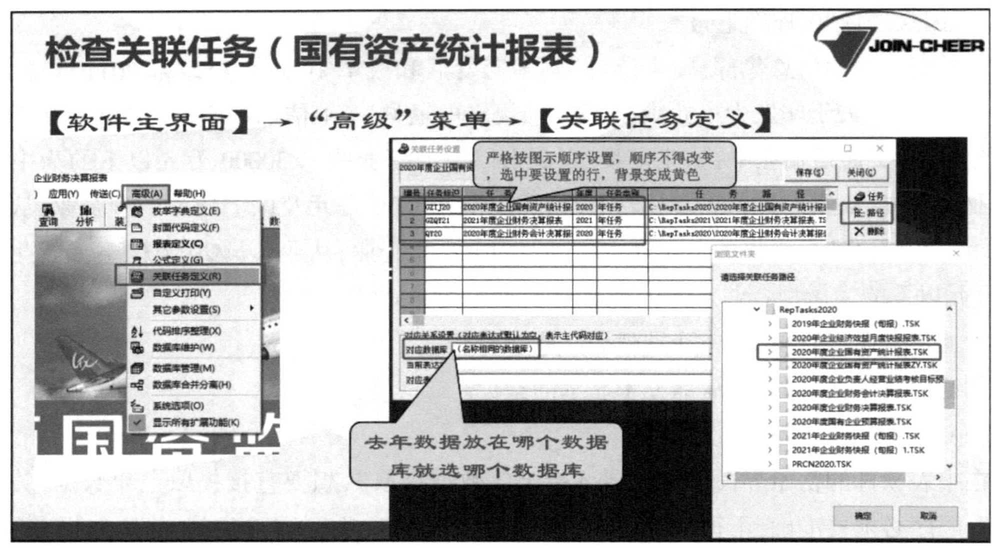

图 5-9　检查关联任务(国有资产统计报表)

(5)十大主表的编制

①国有权益变动情况表。

数据可通过“查询—查询模板—国有资本总量(审核)”来查询,数据有差异的须更正。

②应上交弥补款项表。

反映企业各项税金、保险、拨款等在中国境内负担及上交部分的情况,不包括企业代扣代缴的应由个人承担部分(如个人所得税)。“教育费附加”项目的填列包含“教育费附加”

与“地方教育附加”数据。“其他税费”，除表中所列各项税费外，城镇土地使用税、土地增值税、契税、印花税、土地使用税、房产税、车船税等在这一项填列，与附注表(应交税费)的“其他税费”不一定相等。“五险一金”中的基本医疗不包括大病医疗。

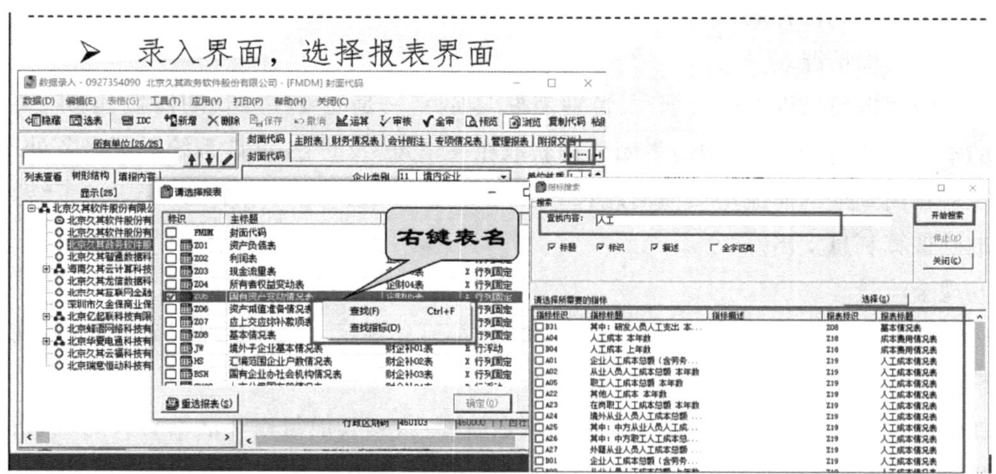

图 5-10　查找报表与指标

③基本情况表。

人员及薪酬类数据建议由人力资源部门填列，经人力资源部门签认，财务部核对应发、已发工资总额，留存核对记录。本年企业提取的安全生产费用、本年企业支出的安全生产费用无须填列。

劳动生产总值 = 劳动者报酬 + 生产税净额 + 固定资产折旧 + 营业盈余，若劳动生产总值为负数，则需要核实情况。对于我们项目而言，劳动生产总值的计算跟每月的国资快报中“工业增加值”的计算是一样的，但跟“经济增加值(EVA)”是不一样的。

经济增加值 = 税后净营业利润 − 资本成本 = 税后净营业利润 − 调整后资本 × 平均资本成本率。

人工成本情况表、应付职工薪酬表，如果没有劳务派遣，应该是相等的；应付职工薪酬表年初、年末余额合计数与资产负债表默认公式审核中存在对应关系，且要与 NCC 账上的数对应。

“高质量发展有关情况”中的科研经费投入应统尽统，并且“本年科技资金来源合计”须不小于“本年研发经费投入合计”，本年研发(R&D)经费投入包含资本化研发经费。

“工业总产值”仅由工业企业填报，非工业企业不应填报。

④人力资源情况表(本表数据以人力资源部门提供的为准)。

从业人员 = 劳务派遣 + 职工，其中，年末在岗职工人数 = 职工 − 病退人员；本年应发职工薪酬总额为应付职工薪酬一级科目贷方发生额；本年支付的劳务派遣金额包括管理费、社保、公积金。

企业提取的工资总额务必与人力数相符(精确到分),含职工与劳务派遣人员的工资;非工挂企业工资总额=企业提取的工资总额;项目公司执行预算管理,无工挂企业工资;企业负责人人数(人)包括各层级子公司副总以上人员;项目公司一般情况无本年支付的离退休人员养老金及福利性补助。

⑤带息负债情况表。

该表应根据负债性质区分填写,特别是竣工项目,一是需要注意长期借款、债券、票据等负债的本金还款时间,提前沟通集团公司获取相关信息,及时在 NCC 系统进行账务处理,准确反映一年内到期的非流动负债信息;二是注意利息的资本化与费用化情况,竣工结算后,应当准确核算利息支出。

⑥现金流量。

a.《企业会计准则第 31 号——现金流量表》第五条规定:现金流量应当分别按照现金流入和现金流出总额列报。

在建项目涉及的现金流量主要为以下现金流量:收到其他与投资活动有关的现金;构建固定资产、无形资产和其他长期资产支付的现金;吸收投资收到的现金;取得借款收到的现金;收到其他与筹资活动有关的现金;分配股利、利润或偿付利息支付的现金。如有经营活动数据请检查是否存在特殊情况。

总原则是资产负债表、利润表钩稽看最终计入的报表科目;在建期间,如果利润表无数据,则经营活动现金流量也应该没有数据;试运营期间,支付的工资、收到的通行费最终还是计入在建工程,所以还是投资活动现金流;正式运营期的收入、费用计入利润表,应该计入经营活动现金流;借款支付的利息支出计入筹资活动(由带息负债、权益性资金引起的);存款利息收入计入投资活动中的其他投资活动收到的现金;在建、试运营期间支付的职工薪酬、税费仍然计入投资活动,与报表匹配。

b.下列各项可以按照净额列报。

代客户收取或支付的现金;周转快、金额大、期限短项目的现金流入和现金流出;金融企业的有关项目,包括短期贷款发放与收回的贷款本金、活期存款的吸收与支付、同业存款和存放同业款项的存取、向其他金融企业拆借资金以及证券的买入与卖出等。

c.其他情况。

付错款后,银行退回再重新支付,两次流出一次流入,实际上按净额法最终只确认一次流出。

⑦利润表的利息收入、利息费用一般不应为负数。

(6)其他报表的编制

①企业股权结构表。

股东性质务必填写到末级,不能简单从其他报表系统复制,如不填写至末级则有错误提示。

②重要在建工程项目本期变动情况。

在建工程项目本期变动数据与其他报表无钩稽关系,填写时需核对数据的准确性。

③所有权和使用权受到限制的资产。

各单位报表填报人员需要熟知公司贷款合同等相关合同文件,根据合同文件确定“在建工程”等项目是否属于受限资产。一般情况下,项目公司的“在建工程”或者“固定资产”属于受限资产,受限原因为:银团贷款收费权及其项下全部收益质押担保。

④本年固定资产投资额。

本年固定资产投资额由购置固定资产、基建投资、其他投资三类组成。其中,购置固定资产:填写购买的经营性固定资产;基建投资:填写在建工程发生额,即财务投资;其他投资:兜底项目,项目公司一般不填数据。

(7)应收款项情况表(企财 11 表)

应收账款属于单项金额重大单项计提坏账减值的+单项金额不重大但单项计提坏账减值的,是余额的概念,不扣除坏账准备;坏账准备/减值准备:单项重大+单项不重大+信用风险组合(账龄+余额百分比);按个别认定法计提的坏账准备:单项重大+单项不重大。如表 5-1 所示,项目公司填 1、3、5 列,一般不涉及 2、4、6 列。

应收款项情况表　表 5-1

项目	行次	年末数				年初数	
		年末余额	按个别认定法计提坏账准备的应收款项	坏账/减值准备	按个别认定法计提的坏账准备	年初余额	坏账/减值准备
栏次	—	1	2	3	4	5	6
一、应收账款	1						
(一)1 年以内(含 1 年)	2						
(二)1~2 年(含 2 年)	3						
(三)2~3 年(含 3 年)	4						
(四)3 年以上	5						
二、其他应收款	6						
(一)1 年以内(含 1 年)	7						
(二)1~2 年(含 2 年)	8						
(三)2~3 年(含 3 年)	9						
(四)3 年以上	10						
三、长期应收款	11						
四、逾期应收款项	12						
其中:逾期 3 年以上	13						
五、涉及诉讼的应收款项	14						
☆六、合同资产中原计入应收账款的部分	15		—		—		

(8)财务决算专项说明、财务情况说明书及附报文档

①财务决算专项说明。

财务决算专项说明按照国资决算所附的专项说明模板填列,已列明的内容不能删除,没

有则注明“无”，如第二、第三点“非经常性损益的说明”“高风险业务的说明”，项目一般没有，注明“无”。

②财务情况说明书。

按决算软件中财务情况说明书模板要求，一一列明需要说明的事项，如第一点“企业基本情况”，要求说明企业的资产，负债，所有者权益总额、结构及变化情况，企业户数，职工人数，人工成本情况，等等。

③附报文档。

目前，国资委对二级子企业只要求报送会计附注、财务决算专项说明、财务情况说明书和审计报告电子文档。工资管理专项说明、管理建议书是否需要报送，需按照具体要求确定。

第三节　竣工财务决算报表编制

一、竣工财务决算报表的编制依据

公路基本建设竣工决算，是指公路建设单位编制的，以实物数量和货币指标为计量单位，综合反映公路基本建设项目从筹建到竣工的全过程的建设情况、财务状况及其建设成果的总结性文件。它是公路工程竣工文件的主要组成部分，是建设单位向运营管理单位移交财产的依据。正确、及时地编制竣工决算，是公路基本建设程序的一项重要内容，是公路基本建设管理工作中不可缺少的重要环节。公路基本建设竣工决算包括工程竣工决算和竣工财务决算。

《基本建设财务规则》第三十一条规定：“项目竣工财务决算是正确核定项目资产价值、反映竣工项目建设成果的文件，是办理资产移交和产权登记的依据，包括竣工财务决算报表、竣工财务决算说明书以及相关材料。项目竣工财务决算应当数字准确、内容完整。竣工财务决算的编制要求另行规定。”第三十三条规定：“项目建设单位在项目竣工后，应当及时编制项目竣工财务决算，并按照规定报送项目主管部门。”第三十四条规定：“在编制项目竣工财务决算前，项目建设单位应当认真做好各项清理工作，包括账目核对及账务调整、财产物资核实处理、债权实现和债务清偿、档案资料归集整理等。”这些规定对编制竣工财务决算报表起着规范和指导作用。公路工程建设项目是基本建设项目之一，为了公路建设项目在工程完工后能及时编制竣工决算报表，交通部于 2000 年 4 月颁布了《交通基本建设项目竣工决算报告编制办法》（交财发〔2000〕207 号），广西壮族自治区交通厅于 2004 年 7 月下发了《关于统一交通基本建设项目竣工决算报告格式的通知》（交财务〔2004〕96 号），财政部于 2016 年 6 月颁布了《基本建设项目竣工财务决算管理暂行办法》（财建〔2016〕503 号），对公路建设项目的竣工财务决算做了明确和规范。

二、竣工财务决算报表的编制

为高效准确地编制好竣工财务决算报表，结合以往项目编制的经验，报表编制前要开展的工作内容主要有：

(1)完成工程结算报告，提交第三方审计并出具审计报告，完成征拆结算、开办费结算及其他零星合同结算并提交第三方审计确认。

(2)所有参建的合同承包人已完成工程变更和计量结算，最后一期的计量结算报表已上报建设单位(项目业主)审核。

(3)与所有参建的各合同承包人结清往来款项，对垫付的材料款、动员款等相关款项已全部扣回，同时已按合同约定足额扣留质量保证金和劳务人员工资保证金等。

(4)其他各种应收、应付款项已清理完毕。

(5)固定资产、无形资产已按规定提取折旧和摊销处理，对盘盈盘亏的固定资产已按规定处置，对低值易耗品也已进行盘点和处理，同时已逐项盘点核查，填列清单，妥善保管，做到账账、账证、账实、账表相符，并不得任意侵占和挪用。

(6)尾工工程和相关费用已预提完成，按照相关规定，预提的尾工工程和相关费用总额不得超过工程总投资的5%，并已取得上级主管部门的批复。

(7)对在建工程—待摊投资费用已按相关规定和要求进行合理的分摊。

(8)对在建工程—建安工程投资已按概算细目与工程部门进行核对，并进行相应的调整和账务处理，对单项工程要列明明细，区分特大桥、大中桥、隧道、互通式立交、房屋等。

(9)试运营期内的各项收支数据准确并可计量，试运行期间基建收入以产品实际销售收入减去销售费用及其他费用和销售税金后的纯收入确定。

三、编制竣工财务决算报表

完成以上各项准备工作之后，便可进行相关报表的编制，根据《基本建设项目竣工财务决算管理暂行办法》(财建〔2016〕503号)，公路基本建设项目需要编制的竣工决算报表内容如下。

1. 交通基本建设项目竣工决算报表封面

(1)报表封面样式(表5-2)

交通基本建设项目竣工决算报表封面 表5-2

建设单位	建设项目名称
主管部门	建设项目类别
级　　别	建设性质
交通基本建设项目竣工决算报表	
建设单位盖章	建设单位负责人
决算基准日	
编报日期　　年　　月　　日	

(2)填制说明

①“主管部门”指建设单位的主管部门。

②“建设项目名称”填写批准的项目初步设计文件中注明的项目名称。

③“建设项目类别”填写“大中型”或“小型”。

④“建设性质”是指建设项目属于续建、新建、改建、迁建和恢复建设等内容。

⑤“级别”是指中央级或地方级的建设项目。

2. 公路建设项目工程概况表(交建竣1表)

(1)表格样式(表5-3)

公路建设项目工程概况表(交建竣1表) 表5-3

<table>
<tr><td>建设项目或单项工程名称</td><td colspan="3"></td><td>工程主要特征、完成的主要工程量及主要技术经济指标</td><td>设计</td><td>实际</td></tr>
<tr><td>建设地址或地理位置</td><td colspan="3"></td><td>1. 公路等级</td><td></td><td></td></tr>
<tr><td rowspan="2">建设时间</td><td>计划</td><td colspan="2">从 年 月 日开工至
年 月 日竣工</td><td>2. 计算行车速度(千米/小时)</td><td></td><td></td></tr>
<tr><td>实际</td><td colspan="2">从 年 月 日开工至
年 月 日竣工</td><td>3. 路线总长(千米)</td><td></td><td></td></tr>
<tr><td rowspan="2">工程可行性研究报告及初步设计和概算批准机关、日期、文号</td><td colspan="3"></td><td>4. 路基宽度(米)</td><td></td><td></td></tr>
<tr><td colspan="3"></td><td>5. 路基土石方(万平方米)</td><td></td><td></td></tr>
<tr><td rowspan="2">调整概算批准机关、日期、文号</td><td colspan="3"></td><td>6. 路面结构</td><td></td><td></td></tr>
<tr><td colspan="3"></td><td>7. 路面铺筑(万平方米/千米)</td><td></td><td></td></tr>
<tr><td>开工报告批准时间</td><td colspan="3"></td><td>8. 桥梁总长(米/座)</td><td></td><td></td></tr>
<tr><td>主要设计单位</td><td colspan="3"></td><td>9. 隧道总长(米/座)</td><td></td><td></td></tr>
<tr><td>主要监理单位</td><td colspan="3"></td><td>10. 涵洞通道(米/道)</td><td></td><td></td></tr>
<tr><td>主要施工单位</td><td colspan="3"></td><td>11. 互通式立交(处)</td><td></td><td></td></tr>
<tr><td>工程质量监督部门</td><td colspan="3"></td><td>12. 分离式立交及平交(处)</td><td></td><td></td></tr>
<tr><td rowspan="2">总投资(万元)</td><td colspan="2">批准概算</td><td>竣工决算</td><td>13. 防护工程(万立方米)</td><td></td><td></td></tr>
<tr><td colspan="2"></td><td></td><td>14. 连接线长度(千米)</td><td></td><td></td></tr>
</table>

续上表

建设项目或单项工程名称			工程主要特征、完成的主要工程量及主要技术经济指标	设计	实际
主要材料消耗	设计	实际	15. 管理及养护用房(平方米)		
钢材(吨)			16. 服务区(处)		
木材(立方米)			17. 停车区(处)		
水泥(吨)			18. 养护工区(处)		
沥青(吨)			19. 封闭工程(千米)		
			20. 占地面积(亩)		
			21. 平均每千米造价(万元)		
基建工程支出(万元)	批准概算	竣工决算	22. 拆迁房屋(平方米)		
建筑安装工程			23. 迁移人口(人)		
设备工具器具			24. 占地面积(亩)		
待摊投资					
其中:建设单位管理费					
预留费用					
其他投资					
待核销基建支出					
非经营项目转出投资					
主要收尾工程					
工程内容或名称	投资额(万元)	预计完成时间			
			工程质量评定:优良 项; 合格 项; 不合格 项。 总评:		

(2)填制说明

①建设时间一栏,开工和竣工日期按照实际开工和办理竣工验收的日期填列。如实际开工日期与批准的开工日期不符,应作出说明。

②表中工程可行性研究报告、初步设计、调整概算的批准机关、日期、文号应按历次审批文件填列。

③表中有关项目的设计、概算、决算等指标,根据批准的设计文件和概算、决算等确定的数字填写。

④表中“总投资”按批准的概算和调整概算数及累计实际投资数填列。

⑤表中“基建工程支出”是指建设项目从开工起至竣工止发生的全部基本建设支出,根据财政部门或主管部门历年批准的“基建投资表”中的有关数字填列。

⑥表中所列工程主要特征、完成主要工程量、主要材料消耗量、主要技术经济指标等,根据主管部门批准的概算、建设单位统计资料和施工企业提供的有关成本核算资料等分别填列。

⑦“主要收尾工程”填写工程内容和名称、预计投资额及完成时间等。如果收尾工程内容较多,可增设“收尾工程项目明细表”。这部分工程的实际成本,可根据具体情况进行估算并作说明,完工以后不再调整竣工决算,但应将收尾工程执行结果按规定程序补报有关资料。

⑧“工程质量评定”填列经工程质量监督部门检测评定的单项工程质量评定及工程综合评价结果。

3.建设项目竣工财务决算总表(交建竣2表)

(1)表格样式(表5-4)

建设项目竣工财务决算总表(交建竣2表) 表5-4

资金来源	金额	资金占用	金额
一、基建拨款		一、基本建设支出	
1.预算拨款		1.交付使用资产	
2.基建基金拨款		2.在建工程	
3.进口设备转账拨款		3.待核销基建支出	
4.器材转账拨款		4.非经营项目转出投资	
5.煤代油专用基金拨款		二、应收生产单位投资借款	
6.自筹资金拨款		三、拨付所属投资借款	
7.其他拨款		四、器材	
二、项目资本		其中:待处理器材损失	
1.国家资本		五、货币资金	
2.法人资本		六、预付及应收款	
3.个人资本		七、有价证券	
三、项目资本公积		八、固定资产	

续上表

资金来源	金额	资金占用	金额
四、基建贷款		固定资产原价	
1. 外部银行贷款			
2. 内部银行贷款			
3. 中期票据			
五、上级拨入投资借款		减:累计折旧	
六、企业债券资金		固定资产净值	
七、待冲基建支出		固定资产清理	
八、应付款		待处理固定资产损失	
九、未交款			
1. 未交税金			
2. 未交基建收入			
3. 未交基建包干结余			
4. 其他未交款			
十、上级拨入资金			
十一、留成收入			
合计		合计	

(2)填制说明

①表中有关“交付使用资产”“基建拨款”“项目资本”“基建贷款”等项目,填列自开工建设起至竣工止的累计数,上述指标根据历年批复的年度基本建设财务决算和竣工年度的基本建设财务决算中资产负债表相应项目的数字进行汇总填列(包括收尾工程的估列数)。

②表中其余各项目反映办理竣工验收时的结余数,根据竣工年度财务决算中资产负债表的有关项目期末数填表。

③资金占用总额应等于资金来源总额。

④补充资料的“基建投资借款期末余额”反映竣工时尚未偿还的基建投资借款数,应根据竣工年度资产负债表内的“基建投资借款”项目期末数填列;“应收生产单位投资借款期末数”应根据竣工年度资产负债表内的“应收生产单位投资借款”项目的期末数填列;“基建结余资金”反映竣工时的结余资金,应根据竣工财务决算总表中的有关项目计算填列。

⑤基建结余资金的计算。基建结余资金 = 基建拨款 + 项目资本 + 项目资本公积 + 基建投资借款 + 企业债券资金 + 待冲基建支出 – 基本建设支出 – 应收生产单位投资借款。

4. 资金来源情况表(交建竣3表)

(1)表格样式(表5-5)

资金来源情况表(交建竣3表)　　表5-5

资金来源	年度		年度		年度		年度		年度		年度		年度	
	计划数	实际数	计划数	实际数	计划数	实际数	计划数	实际数	计划数	实际数	计划数	实际数	计划数	实际数
一、基建拨款														
1. ×××														
2. ×××														
3. ×××														
……														
二、企业或地方自筹														
1. ×××														
2. ×××														
3. ×××														
……														
三、项目资本公积														
四、基建投资借款														
1. ×××														
2. ×××														
3. ×××														
……														
五、上级拨入投资借款														
六、其他借款														
七、×××														
……														
合计														

(2)填制说明

本表反映建设项目分年度的投资计划与资金拨付到位情况,表中有关“基建拨款”“项目资本公积”“基建投资借款”等资金来源内容,根据历年批复的年度基本建设财务决算和竣工年度的基本建设财务决算中资产负债表相应项目的数字填列(包括收尾工程的估列数)。

5. 工程造价和概算执行情况表(交建竣4表)

(1)表格样式(表5-6)

工程造价和概算执行情况表(交建竣4表) 表5-6

项目	工程总概算			概算包干数	工程造价			其中						概算投资结余			概算投资包干结余	备注
	合计	人民币	外币		合计	人民币	外币	建安投资	设备投资	其他投资	待摊投资	待核销基建支出	转出投资	合计	人民币	外币		
	2=3+4	3	4	5	6=7-3	7	8	9	10	11	12	13	14	15=2-6	16=3-7	17=2-5	18=2-5	

(2)填制说明

按概算项目或单项工程及费用项目填列。

①本表反映工程实际建设成本和总造价以及概算投资结余和概算投资包干部分结余的情况,应按概算项目或单项工程(费用项目)填列。

②待摊投资按照某一单项工程投资额占全部投资的比例分摊到单项工程上。

③不计入固定资产价值的支出不分摊待摊投资,如土地征拆补偿费单独作为无形资产,不分摊到单项工程上。

6. 外资使用情况表(交建竣5表)

(1)表格样式(表5-7)

外资使用情况表(交建竣5表) 表5-7

项目名称: 单位:美元

项目	计量单位	工程量或数量	外币概算金额	外币实际支出金额	外币实际支出较概算增减	备注
合计						

(2)填制说明

按费用项目填列。

①本表只适用于利用外资的项目填制，没有外资的项目不需填制。

②本表反映建设项目外资使用情况，按照使用外资支出费用项目填列。应说明批准初步设计时的汇率、记账汇率、竣工时的汇率以及外资贷款的转贷金额和转贷单位等情况。各有关表格中，外币折合人民币时，应以项目竣工时的汇率为准。

7. 基本建设项目交付使用资产总表（交建竣6表）和基本建设项目交付使用资产明细表（交建竣6-1表）

（1）表格样式（表5-8、表5-9）

基本建设项目交付使用资产总表（交建竣6表） 表5-8

单项工程项目名称（1栏）	总计（2栏）	固定资产				流动资产（7栏）	无形资产（8栏）	递延资产（9栏）
		建安工程（3栏）	设备（4栏）	其他（5栏）	合计（6栏）			

交付单位　　年　月　日　　接收单位　　年　月　日

盖章　　盖章

基本建设项目交付使用资产明细表（交建竣6-1表） 表5-9

单项工程项目名称	建筑工程			设备、工具、器具、家具						流动资产		无形资产		递延资产	
	结构	面积（平方米）	价值（元）	名称	规格型号	单位	数量	价值（元）	设备安装费（元）	名称	价值（元）	名称	价值（元）	名称	价值（元）

交付单位　　年　月　日　　接收单位　　年　月　日

盖章　　盖章

（2）填制说明

①交付使用资产总表中各栏数字应根据交付使用资产明细表中相应项目的数字汇总填列，主要可分为建安工程类和机电设备类明细表，其中待摊投资数据应按比例分摊到建安工程类明细表中。交付使用资产明细表作为建设单位管理项目资产使用，可不纳入上报的竣工决算报告，其具体格式各单位可根据情况进行修改。

②交付使用资产总表中固定资产、流动资产、无形资产和递延资产各栏的合计数，应分别与竣工财务决算表交付使用资产的相应数字相符。

8. 交通基本建设项目其他待摊投资明细表(交建竣7表)

(1)表格样式(表5-10)

交通基本建设项目其他待摊投资明细表(交建竣7表) 表5-10

项目名称: 单位:元

项目	行次单位	累计数
1. 建设单位(业主)管理费	1	
2. 工程监理费	2	
3. 社会中介机构审计(查)费	3	
4. 招投标费	4	
5. 借款利息	5	
6. 前期工作费用	6	
7. 专项评估费	7	
8. 联合试运转费	8	
9. 其他待摊投资	9	
10. 土地征用及拆迁补偿费	10	
11. 勘察设计费	11	
12. 研究试验费	12	
13. 可行性研究费	13	
14. 竣(交)工验收费	14	
15. 工程价格调整	15	
合计		

(2)填制说明

本表反映工程实际建设其他待摊投资的详细情况,应按费用项目累计数填列。

9. 交通基本建设项目建设单位管理费用明细表(交建竣8表)

(1)表格样式(表5-11)

交通基本建设项目建设单位管理费用明细表(交建竣8表) 表5-11

项目名称: 单位:元

项目	行次单位	累计数
1. 工资	1	
2. 社会保险费	2	
3. 残疾人就业保障金	3	
4. 住房公积金	4	
5. 福利费	5	
6. 工会费	6	

续上表

项目	行次单位	累计数
7. 经济补偿金	7	
8. 职工教育经费	8	
9. 办公费	9	
10. 差旅费	10	
11. 业务接待费	11	
12. 广告宣传费	12	
13. 修理费	13	
14. 车辆使用费	14	
15. 会议费	15	
16. 保险费	16	
17. 绿化费	17	
18. 折旧费	18	
19. 劳保费	19	
20. 安全生产经费	20	
21. 租金及物业费	21	
22. 劳务费	22	
23. 印花税	23	
24. 专家咨询评审费	24	
25. 其他	25	
合计		

(2)填制说明

本表反映工程项目建设单位管理费用明细的实际情况,应按概算项目或费用项目的累计数填列。

四、编写竣工情况说明书

竣工情况说明书是用文字对竣工项目的概(预)算、基本建设计划和财务计划的执行情况、基本建设资金的使用情况、建设成本和投资效果,逐样对建设经验和存在问题及处理意见等进行说明和分析。它是基本建设竣工决算的重要组成部分,是竣工决算报表的必要补充。因为竣工决算报表主要使用数字来反映竣工项目的概况和财务情况,而有些情况不能完全用数字表达,所以必须认真编写竣工情况说明书。

竣工情况说明书的主要内容一般包括:项目概况和组织管理情况;会计账务处理、财产物资清理及债权债务的清偿情况;项目建设资金计划及到位情况,财政资金支出预算、投资计划及到位情况；项目建设资金使用、项目结余资金分配情况；公路建设投资借款合同的履行情况，借款的支用和偿还情况以及还清借款本息的可能性估计；基本建设财务计划和项目概（预）算执行情况及分析，竣工实际完成投资与概算差异及原因分析；尾工工程的情况及具体处理意见和措施；历次审计、检查、审核、稽查意见及整改落实情况；工程建设过程和工程管理工作中的重大事件、经验教训；工程投资支出和财务管理工作的基本情况，财务管理工作中的经验；主要技术经济指标的分析、计算情况；项目管理经验、主要问题和建议；预备费动用情况；结余资金、设备和材料物资的处理意见；遵守国家有关政策、法令、法规、制度和遵守财经纪律的情况；项目建设管理制度执行情况，政府采购情况，合同履行情况；征地拆迁补偿情况、移民安置情况；公路建设投资效果的简要分析，包括建设工程、工程质量、形成固定资产比例、建设项目投资效益、投资回收期等；需说明的其他事项。

第六章 会计档案

第一节 会计档案的归档

一、会计档案的内容

(1)会计凭证类:原始凭证、记账凭证、汇总凭证、其他会计凭证。

(2)会计账簿类:总账、明细账、日记账、固定资产卡片、辅助账簿、其他会计账簿。

(3)财务报表类:月度、季度、年度财务报告(包括会计报表、附表、附注、文字说明),其他财务报告。

(4)其他类:包括银行存款余额调节表、银行对账单、纳税申报表、会计档案移交清册、会计档案保管清册、会计档案销毁清册、会计档案鉴定意见书及其他具有保存价值的会计资料。

(5)公司可以利用计算机、网络通信等信息技术手段管理会计档案。同时,满足下列条件的,公司内部形成的属于归档范围的电子会计资料可仅以电子形式保存,形成电子会计档案:

①形成的电子会计资料来源真实有效,由计算机等电子设备形成和传输。

②使用的会计核算系统能够准确、完整、有效接收和读取电子会计资料,且能够输出符合国家标准归档格式的会计凭证、会计账簿、财务会计报表等会计资料,设定了经办、审核、审批等必要的审签程序。

③使用的电子档案管理系统能够有效接收、管理、利用电子会计档案,符合电子档案的长期保管要求,并建立了电子会计档案与相关联的其他纸质会计档案的检索关系。

④采取有效措施,防止电子会计档案被篡改。

⑤建立电子会计档案备份制度,能够有效防范自然灾害、意外事故和人为破坏的影响。

⑥形成的电子会计资料不属于具有永久保存价值或者其他重要保存价值的会计档案。

(6)满足第(5)点规定,公司从外部接收的电子会计资料附有符合《中华人民共和国电子签名法》规定的电子签名的,可仅以电子形式归档保存,形成电子会计档案。

二、会计档案保管要求

公司每年形成的会计档案,由财务部按照档案归集要求,负责整理立卷,装订成册,由专人保管。采取可靠的安全防护技术和措施,保证会计档案的真实、完整、可用、安全。

当年形成的会计档案在会计年度终了后,可由公司财务部临时保管 1 年,期满之后,应当由财务部编制档案保管清册,移交公司档案管理部门统一保管。公司财务部临时保管会计档案最长不超过 3 年。临时保管期间,会计档案的保管应当符合国家档案管理的有关规定,且出纳人员不得兼管会计档案。

纸质会计档案移交时应当保持原卷的封装。电子会计档案移交时应当将电子会计档案及其元数据一并移交,且文件格式应当符合国家档案管理的有关规定。特殊格式的电子会计档案应当与其读取平台一并移交。

档案管理部门接收电子会计档案时,应当对电子会计档案的准确性、完整性、可用性、安全性进行检测,符合要求的才能接收。

会计档案的保管期限分为永久、定期两类。定期保管期限一般分为 10 年和 30 年。会计档案的保管期限,从会计年度终了后次年的第 1 天算起。各类会计档案的保管期限具体见表 6-1。

会计档案保管期限　　表 6-1

序号	档案名称	保管期限	备注
一	**会计凭证**		
1	原始凭证	30 年	
2	记账凭证	30 年	
二	**会计账簿**		
3	总账	30 年	
4	明细账	30 年	
5	日记账	30 年	
6	固定资产卡片		固定资产报废清理后保管 5 年
7	其他辅助性账簿	30 年	
三	**财务会计报告**		
8	月度、季度、半年度财务会计报告	10 年	
9	年度财务会计报告	永久	
四	**其他会计资料**		
10	银行存款余额调节表	10 年	
11	银行对账单	10 年	
12	纳税申报表	10 年	
13	会计档案移交清册	30 年	
14	会计档案保管清册	永久	
15	会计档案销毁清册	永久	
16	会计档案鉴定意见书	永久	

第二节　会计档案的借阅

公司会计档案属于保密资料，不得随意借阅或复印。公司内部人员需要查阅或复印的，须经公司财务部负责人、档案管理部门负责人、分管财务领导批准；公司外部人员需要查阅或复印的，还需公司主管领导批准，并办理登记手续后，才能查阅或复制。查阅或者复制会计档案的人员，严禁在会计档案上涂画、拆封和抽换。

公司保存的会计档案原则上不得对外借出，确因工作需要或根据国家有关规定必须借出的，须严格按照规定办理相关手续（外部单位必须出具介绍信或其他书面申请，并登记经办人身份证号码），同时公司财务部人员须在场监交。会计档案借用单位应当妥善保管借入的会计档案，确保借入会计档案的安全和完整，并在规定时间内归还。

第三节　会计档案的清理

一、会计档案的鉴定

公司应当定期对已到保管期限的会计档案进行鉴定，并形成会计档案鉴定意见书。经鉴定，仍需继续保存的会计档案，应当重新划定保管期限；对保管期满、确无保存价值的会计档案，可以销毁。

会计档案鉴定工作应当由公司档案管理部门牵头，组织公司财务部等相关部门共同进行。

二、债权债务未清事项

保管期满但未结清的债权债务原始凭证和涉及其他未了事项的原始凭证，不得销毁，应当单独抽出立卷，保管到未了事项完结时为止。单独抽出立卷的会计档案，应当在会计档案销毁清册和会计档案保管清册中列明。

三、会计档案的销毁

经鉴定可以销毁的会计档案，除上文“二、债权债务未清事项”规定债权债务未清的情况外，可以按照以下程序销毁：

（1）公司档案管理部门编制会计档案销毁清册，列明拟销毁会计档案的名称、卷号、册数、起止年度、档案编号、应保管期限、已保管期限和销毁时间等内容。

（2）公司所有领导、档案管理部门以及财务部门负责人、档案管理员、会计档案经办人应在会计档案销毁清册上签署意见，并上报集团公司核准。

(3)经上级单位核销会计档案时,由公司档案管理部门负责组织会计档案销毁工作,并与财务部共同派员监销。监销人在会计档案销毁前,应当按照会计档案销毁清册所列内容进行清点核对;在会计档案销毁后,应当在会计档案销毁清册上签名或盖章,并将监销情况报告公司主管领导和集团公司。

(4)电子会计档案的销毁还应当符合国家有关电子档案的规定,并由公司档案管理部门、财务部以及信息系统管理部门共同派员监销。

四、会计档案的移交

(1)项目公司在项目建设期间形成的会计档案,竣工结算前由项目公司保管,达到上级单位要求的移交条件后,由接收单位进行保管,并按规定办理有关交接手续。

(2)公司之间交接会计档案时,交接双方应当办理会计档案交接手续。

(3)移交会计档案的公司,应当编制会计档案移交清册,列明应当移交的会计档案名称、卷号、册数、起止年度、档案编号、应保管期限和已保管期限等内容。

(4)交接会计档案时,交接双方应当按照会计档案移交清册所列内容逐项交接,并由交接双方的公司有关负责人负责监督。交接完毕后,交接双方经办人和监督人应当在会计档案移交清册上签名或盖章。

(5)电子会计档案应当与其元数据一并移交,特殊格式的电子会计档案应当与其读取平台一并移交。档案接收公司应当对保存电子会计档案的载体及其技术环境进行检验,确保所接收电子会计档案的准确、完整、可用和安全。

第四节　其　　他

预算、计划、制度等文件材料,应当执行文书档案管理规定,不适用本章。

附件

附件 1

一般纳税人资格认定流程

(1)前期准备:企业法人、财务负责人、办税员到税务机关完成实名制信息采集工作;企业会计制度健全,并将财务制度提交税务机关备案。

(2)所需材料:①“增值税一般纳税人资格登记表”2 份;②营业执照(原件);③经办人身份证(原件)。

(3)变更方式:可选择在电子税务局填写“增值税一般纳税人登记表”,打印出来盖公章后上传到电子税务局提交申请,或是将上述材料提交至主管税局机关办税大厅办理。

(4)注意事项:小规模纳税人选择当月变更的,如当月非申报月,要补申报前期月度增值税及附加税,若过了所属月份的征税期,要联系税管员开具免处罚证明,到大厅补申报前期月度增值税。因此,建议在 1 月、4 月、7 月、10 月选择次月变更并在次月开始按月申报增值税及附加税种,或者在 2 月、5 月、8 月、11 月的征税期内选择当月变更,并在当月征税期内完成增值税及附加税种月度申报。另外,财务报表的信息采集工作也要按时完成。

附件 2

发票领购审批表

单位：

发票领购日期	发票类型	份数	经办人	批准人

附件 3

通行费发票申购流程

1. 前期准备

通行费发票分为通行费电子普通发票、通用机打发票、定额发票 3 种，申购前需要跟运营公司沟通好每种发票一年度的需求量。

2. 申请流程

(1)基础流程

纳税人首次办理领购发票的，属税务行政许可范围，需依据税务机关公示的要求，向主管税务机关提交如下材料：

序号	所需资料
1	“税务行政许可申请表”
2	“领取发票领购簿申请书”
3	财务专用章或发票专用章印模
4	“领购发票申请表”
5	经办人身份证明
6	营业执照副本

(2)通行费电子普通发票

①联系行云数聚公司制作电子签章(需 2 ~ 3 周)。

②跟百望公司购买税控盘(与①可同时进行)。

③税盘发行与票量核定：持税控盘到税务大厅办理发行增值税电子普通发票(通行费)，可同时将需领取票量写入主税盘。

④将发行成功的核心板寄给行云数聚(北京)科技有限公司(以下简称行云数聚公司)，用于核心板上架。

⑤与行云数聚公司签订通行费电子普通发票服务合同(需上会并在系统中审批)。

⑥核心板上架完成后次月开始每月需到开票系统上进行抄报税，抄报税后即可验旧领新。

⑦电子发票及核心板上架完成后，需将电子发票分发到两块税盘中，后续验旧购新也需要进行分发操作。

(3)通用机打发票(冠名发票)

①核定票量及申领：到税务大厅办理核定票量，建议按照预计 1 ~ 1.5 年的开票量向税局申请最高开票量核定，核定完成即可进行发票打印申领，可一次性打印一个季度至半年的票量，由税局将冠名发票印制申请单交给票据印刷厂。

②票据印刷厂收到印制申请后会联系项目公司确认票样及支付印制费用。

③票据出库及领取:印刷厂完成发票印制后,通知办税员携带发票领购簿到主管税务局领取出库单,办税员可凭出库单及发票领购簿到指定地点办理出库手续,办理完成后将出库单或电子影像交由运营公司专员到票据印刷厂领取发票。

④验旧购新:非首次领用发票需先验旧后领新,建议定期(每季度或每半年)验旧。

(4)定额发票

①到办税大厅柜台进行票种及票量核定,建议按照1~2年定额票量需求核定,需提前与运营公司沟通,核实好各金额的票量需求及申领总金额,定额发票可当场领取,领回后需做好台账登记,并加盖发票专用章后方可交给运营公司领取使用。

②验旧购新:非首次申领需在核定范围内验旧购新。

附件 4

发票清单

纳税人识别号: 税款所属期: 单位:元

序号	发票代码	发票号码	开票日期	销方名称	金额	税额	发票状态	认证日期
1								
2								
3								
4								
5								
……	……							
合计								

复核人: 制表人:

附件 5

增值税专用发票认证注意事项

(1)发票系统操作注意事项:插入税控设备,登录增值税发票选择确认平台,勾选所需发票后保存并点击确认认证,认证核对清楚后需在发票系统签名确认后方可进行纳税申报操作。

(2)选择不抵扣认证情形:福利费和业务招待费所取得的增值税专用发票不可抵扣。

(3)每月认证期限:一般纳税人的纳税申报期为每月 1—15 日,如遇节假日顺延。

(4)根据《国家税务总局关于取消增值税扣税凭证认证确认期限等增值税征管问题的公告》(国家税务总局公告 2019 年第 45 号),一般纳税人取得 2017 年 1 月 1 日及以后开具的增值税专用发票、海关进口增值税专用缴款书、机动车销售统一发票、收费公路通行费增值税电子普通发票,取消认证确认、稽核比对、申报抵扣的期限,即不再需要在 360 日内认证确认,已经超期的,也可以通过本省(自治区、直辖市和计划单列市)增值税发票综合服务平台进行用途确认。

(5)增值税一般纳税人取得 2016 年 12 月 31 日及以前开具的增值税专用发票、海关进口增值税专用缴款书、机动车销售统一发票,超过认证确认、稽核比对、申报抵扣期限,但符合规定条件的,仍可按照《国家税务总局关于逾期增值税扣税凭证抵扣问题的公告》(国家税务总局公告 2011 年第 50 号,国家税务总局公告 2017 年第 36 号、2018 年第 31 号修改)、《国家税务总局关于未按期申报抵扣增值税扣税凭证有关问题的公告》(国家税务总局公告 2011 年第 78 号、国家税务总局公告 2018 年第 31 号修改)的规定,继续抵扣进项税额。

附件 6

税金计提表

单位:元

增值税			增值税附加税					合计	备注
销项税	进项税	应交增值税	计税金额	城市维护建设税(7%)	教育费附加(3%)	地方教育附加(2%)	附加税合计		

分管领导:　　财务部负责人:　　复核人:　　制表人:

附件7

发票库存台账

单位：

日期	摘要	发票代码	发票取得			发票领用				发票结存		备注
			发票起止号	份数	发票领购人	发票起止号	份数	签收人	签收日期	发票起止号	份数	

注：发票库存台账由发票复核员保管，经办人领购回发票后交给发票复核员保管，开票员填开发票时进行领用登记，复核员登记结存情况。

附件 8

发票签收登记表

单位：

开票日期	客户名称	发票起止号	发票份数	发票类型	品类	数量	发票金额	经办人	签收人	签收日期

注：发票签收登记表由开票员负责保管。

附件 9

增值税留抵退税申报流程

(1)向主管税务机关提交留抵退税申请报告,报告应体现本期申请退还的增量留抵退税额。注意事项:第一,计算所属期增量金额时保留 2 位小数,单位为元;第二,每个月增量留抵都和 2019 年 3 月留抵数据进行比较,计算新增留抵税额。例如,申报所属期为 5—10 月,5 月增量 =5 月留抵 -3 月留抵,6 月增量 =6 月留抵 -3 月留抵……以此类推,10 月增量 =10 月留抵 -3 月留抵。

(2)通过电子税务局或办税服务厅提交"退(抵)税申请表"及《留抵退税申请报告》(所有资料需盖申请单位公章),填报注意事项如下:

①若选择现场提交,申请表需一式四份。

②进项构成比例计算。进项构成比例 = a/b,其中:

a 为 2019 年 4 月至申请退税前一税款所属期已抵扣的增值税专用发票(含税控机动车销售统一发票)注明的增值税额,按照"增值税纳税申报表附列资料(二)""认证相符的增值税专用发票税额"栏填写(4 月至所属期每月合计数)。例如,所属期为 5—10 月,就合计 4—10 月的数据。

b 为 2019 年 4 月至申请退税前一税款所属期全部已抵扣的进项税额,按照"增值税纳税申报表附列资料(二)""当期申报抵扣进项税额合计税额"栏填写(4 月至所属期每月合计数)。

③本期退还的增量留抵税额 = 增量留抵税额 × 进项构成比例 × 60%。

④申请报告中需列明公司与税务局签订三方协议缴纳税款的银行账户,审核通过后税务局将退税额退还到该账户。

(3)申报后要积极跟踪。在电子税务局或办税服务窗口完成初审后,申请材料将传递给税务局专管员进一步审核,专管员收到材料后会联系经办人核实相关情况,并在 10 个工作日以内完成审核工作。在此期间,经办人要主动跟踪审核进度,并积极补充所需材料。审核结束后税务局会向符合退税条件的纳税人出具准予留抵退税的"税务事项通知书",经办人要在收到通知书的同时查询是否收到税款。

附件 10

增值税及附加税申报流程

登录国家税务总局广西壮族自治区电子税务局，点击“我要办税”，选择申报表类别，填写申报表信息。一般纳税人需要填报的表格有：“增值税纳税申报表（一般纳税人适用）”（主表）；“增值税纳税申报表附列资料（一）”（本期销项税额明细）；“增值税纳税申报表附列资料（二）”（本期进项税额明细）；“增值税纳税申报表附列资料（三）”（服务、不动产和无形资产扣除项目明细）；“增值税纳税申报表附列资料（四）”（税额抵减情况表）。若涉及减免税情况，还需要填写“增值税减免税申报明细表”。各单位应按税法要求填写主表及附表中所涉及的数据。

1. 简易增收计税方式申报

（1）简易征收备案所需材料

①“增值税一般纳税人选择简易办法征收备案表”2 份。

②一般纳税人选择简易办法征收备案事项说明（加盖公章）。

③开工日期在 2016 年 4 月 30 日前的“建筑工程施工许可证”，或注明建筑工程项目的开工日期在 2016 年 4 月 30 日前的建筑工程承包合同，或建筑承包合同没有明确开工日期，而有“以监理工程师签发的开工令上的日期为准”等文字表达条款的，注明开工日期在 2016 年 4 月 30 日前的开工令（加盖公章）。

④经办人身份证。

（2）通行费收入简易征收申报注意事项

①当期取得的通行费收入，应在“增值税纳税申报表附列资料（一）”“5% 征收率的服务、不动产和无形资产”（第 9b 栏）、“未开具发票销售额”（第 5 列）换算为不含税收入后填写，计算公式为：不含税收入 = 通行费收入/（1 + 5%）；同时按照价税合计金额在“增值税纳税申报表附列资料（三）”“5% 征收率的项目”（第 5 栏）、“本期服务、不动产和无形资产价税合计额（免税销售额）”（第 1 列）填写。

②当期取得的减免金额，应在“增值税减免税申报明细表”“0001129932|SXA031900838|公路经营企业中的一般纳税人选择适用简易计税方法减按 3% 计算应纳增值税”（第 1 栏）、“本期发生额”（第 1 列）计算填写，计算公式为：减免金额 = 不含税收入 ×5% − 不含税收入 ×3%。

③附表填写完毕后返回主表，点击生成主报表自动导入附表数据，同时将减免金额填写到主表“应纳税额减征额”（第 23 栏）、“本月数”（第 1 列）。

2. 一般计税方式申报

（1）销项税额填报注意事项

在建期一般未产生通行费收入，无须填写销项税额；若收到其他业务收入，可根据税法规定的相应税率填写“增值税纳税申报表附列资料(一)”。如利息收入,应在“6%税率”(第5栏)根据实际开票情况据实填写。

运营后取得的通行费收入,应在“增值税纳税申报表附列资料(一)”“9%征收率的服务、不动产和无形资产”(第4栏)、“开具其他发票销售额”(第3列)换算为不含税收入后填写,计算公式为:不含税收入=通行费收入/(1+9%);同时按照价税合计金额在“增值税纳税申报表附列资料(三)”“9%征收率的项目”(第2栏)、“本期服务、不动产和无形资产价税合计额(免税销售额)”(第1列)填写。

(2)进项税额填报注意事项

本月认证的专用发票,应在“增值税纳税申报表附列资料(二)”“本期认证相符且本期申报”(第2栏)据实填写;属于本月产生国内旅客运输服务进项税额的,填写“增值税纳税申报表附列资料(二)”“本期用于抵扣的旅客运输服务扣税”(第10栏)及“其他”(第8b栏),若有涉及其他扣税凭证的也应一并填报,不涉及的可不填报。填写完附表后点击生成主报表,系统自动导入附表数据,根据“增值税纳税申报表附列资料(二)”“当期申报抵扣进项税额合计”(第12栏)填写主表“进项税额”(第12栏)。

3. 附加税申报流程

增值税申报完毕后,还需填写“A06554城建税、教育费附加、地方教育附加税(费)申报表”,一般由系统自动导入增值税主表相关数据并计算出应纳税额,检查无误后方可提交申报。

附件 11

纳税信用评价指标和评价方式表

起评分标准	评价年度内，纳税人经常性指标和非经常性指标信息齐全的，从 100 分起评；非经常性指标缺失的，从 90 分起评；非经常性指标缺失是指：在评价年度内，税务管理系统中没有纳税评估、大企业税务审计、反避税调查或者税务稽查出具决定（结论）文书的记录					
税务内部信息	经常性指标信息	一级指标	二级指标	三级指标	扣分标准	直接判级
		01. 涉税申报信息	0101. 按照规定申报纳税	010101. 未按规定期限纳税申报（按税种按次计算）	5 分	
				010102. 未按规定期限代扣代缴（按税种按次计算）	5 分	
				010103. 未按规定期限填报财务报表（按次计算）	3 分	
				010104. 评价年度内非正常原因增值税或营业税连续 3 个月或累计 6 个月零申报、负申报的	11 分	
				010105. 自纳税人向税务机关办理纳税申报之日起不足 3 年的	11 分	
			0102. 增值税抄报税	010201. 增值税一般纳税人未按期抄报税的（按次计算）	5 分	
			0103. 出口退（免）税申报与审核	010301. 未在规定期限内办理出口退（免）税资格认定的（按次计算）	3 分	
				010302. 未按规定设置、使用和保管有关出口货物退（免）税账簿、凭证、资料的；未按规定装订、存放和保管备案单证的（按次计算）	3 分	
				010303. 未按规定报送出口退税申报资料的（按次计算）	3 分	
				010304. 从事进料加工业务的生产企业，未按规定期限办理进料加工登记、申报、核销手续的	3 分	
				010305. 出口企业提供虚假备案单证的	11 分	
				010306. 将应适用增值税征税政策的出口货物劳务及服务申报出口退（免）税	11 分	
			0104. 税收优惠资格资料真实申报	010401. 增值税优惠申报材料虚假； 010402. 消费税优惠申报材料虚假； 010403. 营业税优惠申报材料虚假； 010404. 企业所得税优惠申报材料虚假； 010405. 车船税优惠申报材料虚假； 010406. 印花税优惠申报材料虚假； 010407. 契税优惠申报材料虚假； 010408. 土地增值税优惠申报材料虚假； 010409. 城市维护建设税优惠申报材料虚假；	—	直接判 D

续上表

		一级指标	二级指标	三级指标	扣分标准	直接判级
税务内部信息	经常性指标信息	01. 涉税申报信息	0104. 税收优惠资格资料真实申报	010410. 资源税优惠申报材料虚假； 010411. 耕地占用税优惠申报材料虚假； 010412. 土地使用税优惠申报材料虚假； 010413. 房产税优惠申报材料虚假	—	直接判 D
			0105. 未按规定报送相关涉税资料	010501. 未按规定时限报送财务会计制度或财务处理办法； 010502. 使用计算机记账，未在使用前将会计电算化系统的会计核算软件、使用说明书及有关资料报送主管税务机关备案的； 010503. 纳税人与其关联企业之间的业务往来应向税务机关提供有关价格、费用标准信息而未提供的； 010504. 未按规定提供其他涉税资料的(按次计算)	3 分	
				010505. 未在规定时限内向主管税务机关报告开立(变更)账号的	5 分	
				010506. 提供虚假涉税资料，不如实反映或拒绝提供涉税资料的	11 分	
		02. 税(费)款缴纳信息	0201. 欠缴税(费)款次数	020101. 未按规定期限缴纳已申报或批准延期申报的应纳税(费)款(按次计算)	5 分	
			0202. 欠缴税款金额	020201. 至评定期末，已办理纳税申报后，纳税人未在税款缴纳期限内缴纳税款或经批准延期缴纳的税款期限已满，纳税人未在税款缴纳期限内缴纳的税款在 5 万元以上的(含)	11 分	
				020202. 至评定期末，已办理纳税申报后，纳税人未在税款缴纳期限内缴纳税款或经批准延期缴纳的税款期限已满，纳税人未在税款缴纳期限内缴纳的税款在 5 万元以下的	3 分	
			0203. 未按规定履行代扣代缴义务	020301. 已代扣代收税款，未按规定解缴的(按次计算)	11 分	
				020302. 未履行扣缴义务，应扣未扣，应收不收税款(按次计算)	3 分	
			0204. 核定征收	020401. 日常管理中被税务机关依职权核定计算税款的(按税种)	11 分	

续上表

		一级指标	二级指标	三级指标	扣分标准	直接判级
税务内部信息	经常性指标信息	03. 发票与税控器具信息	0301. 发票开具、取得、保管、缴销、报告	030101. 应当开具而未开具发票； 030102. 使用电子器具开具发票，未按照规定保存、报送开具发票数据的（按次计算）	5 分	
				030103. 未按规定开具发票； 030104. 纸质发票未加盖发票专用章； 030105. 未按规定保管纸质发票并造成发票损毁、遗失的； 030106. 未按照规定缴销发票； 030107. 未按规定向税务机关报告发票使用情况的； 030108. 违规跨境或跨使用区域携带、邮寄、运输或者存放纸质空白发票（按次计算）	3 分	
				030109. 擅自损毁发票的（按次计算）	11 分	
				030110. 虚开增值税专用发票或非善意接收虚开增值税专用发票的； 030111. 非法代开发票的； 030112. 私自印制、伪造、变造发票，非法制造发票防伪专用品，伪造发票监制章的； 030113. 转借、转让、介绍他人转让发票、发票监制章和发票防伪专用品的； 030114. 知道或者应当知道是私自印制、伪造、变造、非法取得或者废止的发票而受让、开具、存放、携带、邮寄、运输的； 030115. 违反增值税专用发票管理规定或者违反发票管理规定，导致其他单位或者个人未缴、少缴或者骗取税款的	—	直接判 D
			0302. 税控器具安装、使用、保管	030201. 未按照税务机关的要求安装、使用税控装置的； 030202. 未按规定申请办理增值税税控系统变更发行的	3 分	
				030203. 损毁或者擅自改动税控装置的	11 分	
				030204. 未按规定保管税控专用设备造成遗失的（按次计算）	1 分	
		04. 登记与账簿信息	0401. 税务登记	040101. 未按规定期限办理税务登记或扣缴税款登记或变更税务登记的； 040102. 未按规定开具或核销外出经营管理证明的（按次计算）	3 分	

续上表

		一级指标	二级指标	三级指标	扣分标准	直接判级
税务内部信息	经常性指标信息	04. 登记与账簿信息	0401. 税务登记	040103. 有非正常户记录的纳税人； 040104. 非正常户直接责任人员注册登记或负责经营的其他纳税户； 040105. D 级纳税人的直接责任人员注册登记或负责经营的其他纳税户	—	直接判 D
				040106. 法律规定对纳税人进行强制认定，纳税人未在规定时限内办理税务认定的（如增值税一般纳税人认定等）	5 分	
			0402. 账簿与凭证	040201. 应设置未设置或未按照规定设置账簿、记账凭证以及其他纳税资料的； 040202. 未按照规定保管账簿、记账凭证以及其他纳税资料的； 040203. 账目混乱、残缺不全难以查账或原始凭证不合法、不真实的	11 分	
				040204. 不能按照国家统一的会计制度规定设置账簿，并根据合法、有效凭证核算，向税务机关提供准确税务资料的	11 分	
	非经常性指标信息	05. 纳税评估、税务审计、反避税调查信息	0501. 纳税评估信息	050101. 补税金额不满 1 万元且占当年应纳税额不满 1%，已补缴税款、加收滞纳金、缴纳罚款的	1 分	
				050102. 补税金额不满 1 万元且占当年应纳税额 1% 以上，已补缴税款、加收滞纳金、缴纳罚款的	1 分 +（应补税款/评价期应纳税款 × 100%）	
				050103. 补税金额 1 万元以上且占当年应纳税额不满 1%，已补缴税款、加收滞纳金、缴纳罚款的	3 分	
				050104. 补税金额 1 万元以上且占当年应纳税额 1% 以上，已补缴税款、加收滞纳金、缴纳罚款的	3 分 +（应补税款/评价期应纳税款 × 100%）	
				050105. 无补税，行为罚 2000 元或以下且已缴纳（按次计算）	1 分	
				050106. 无补税，行为罚 2000 元以上且已缴纳（按次计算）	3 分	

续上表

		一级指标	二级指标	三级指标	扣分标准	直接判级
税务内部信息	非经常性指标信息	05. 纳税评估、税务审计、反避税调查信息	0501. 纳税评估信息	050107. 在规定期限内未补交或足额补缴税款、滞纳金和罚款	—	直接判 D
				050108. 拒绝、阻挠税务机关依法进行纳税评估的	11 分	
			0502. 大企业税务审计信息	050201. 补税金额不满 1 万元且占当年应纳税额不满 1%，已补缴税款、加收滞纳金、缴纳罚款的	1 分	
				050202. 补税金额不满 1 万元且占当年应纳税额 1% 以上，已补缴税款、加收滞纳金、缴纳罚款的	1 分 +（应补税款/评价期应纳税款 × 100%）	
				050203. 补税金额 1 万元以上且占当年应纳税额不满 1%，已补缴税款、加收滞纳金、缴纳罚款的	3 分	
				050204. 补税金额 1 万元以上且占当年应纳税额 1% 以上，已补缴税款、加收滞纳金、缴纳罚款的	3 分 +（应补税款/评价期应纳税款 × 100%）	
				050205. 无补税，行为罚 2000 元或以下且已缴纳（按次计算）	1 分	
				050206. 无补税，行为罚 2000 元以上且已缴纳（按次计算）	3 分	
				050207. 在规定期限内未补交或足额补缴税款、滞纳金和罚款	—	直接判 D
				050208. 拒绝、阻挠税务机关依法进行大企业税务审计的	11 分	
			0503. 反避税调查信息	050301. 拒绝、阻挠税务机关依法进行反避税调查或拒绝提供反避税调查资料的	11 分	
		06. 税务稽查信息	0601. 涉税犯罪	060101. 存在逃避缴纳税款、逃避追缴欠税、骗取出口退税、虚开增值税专用发票等行为，构成犯罪的； 060102. 骗取国家出口退税款，被停止出口退（免）税资格未到期的； 060103. 以暴力、威胁方法拒不缴纳税款或者拒绝、阻挠税务机关依法实施税务稽查执法行为的	—	直接判 D
			0602. 涉税违法被行政处罚	060201. 存在偷税行为，未构成犯罪，但偷税（逃避缴纳税款）金额 10 万元以上且占当年各税种应纳税总额 10% 以上，已缴纳税款、滞纳金和罚款的	—	直接判 D

续上表

<table>
<tr><td rowspan="9">税务内部信息</td><td rowspan="9">非经常性指标信息</td><td>一级指标</td><td>二级指标</td><td>三级指标</td><td>扣分标准</td><td>直接判级</td></tr>
<tr><td rowspan="8">06. 税务稽查信息</td><td>0602. 涉税违法被行政处罚</td><td>060202. 存在逃避追缴欠税、骗取出口退税、虚开增值税专用发票等税收违法行为，未构成犯罪，已缴纳税款、滞纳金和罚款的</td><td>—</td><td>直接判 D</td></tr>
<tr><td rowspan="6">0603. 发现少缴税款行为，作出补缴税款处理</td><td>060301. 补税金额不满 1 万元且占当年应纳税额不满 1%，已补缴税款、加收滞纳金、缴纳罚款的</td><td>1 分</td><td></td></tr>
<tr><td>060302. 补税金额不满 1 万元且占当年应纳税额 1% 以上，已补缴税款、加收滞纳金、缴纳罚款的</td><td>1 分 +（应补税款/评价期应纳税款 × 100%）</td><td></td></tr>
<tr><td>060303. 补税金额 1 万元以上且占当年应纳税额不满 1%，已补缴税款、加收滞纳金、缴纳罚款的</td><td>3 分</td><td></td></tr>
<tr><td>060304. 补税金额 1 万元以上且占当年应纳税额 1% 以上，已补缴税款、加收滞纳金、缴纳罚款的</td><td>3 分 +（应补税款/评价期应纳税款 × 100%）</td><td></td></tr>
<tr><td>060305. 无补税，行为罚 2000 元或以下且已缴纳（按次计算）</td><td>1 分</td><td></td></tr>
<tr><td>060306. 无补税，行为罚 2000 元以上且已缴纳（按次计算）</td><td>3 分</td><td></td></tr>
<tr><td>0604. 拒绝、阻挠税务机关执法</td><td>060401. 拒绝或阻止税务执法人员依法依规开展入户检查时记录、录音、录像、照相和复制的</td><td>11 分</td><td></td></tr>
<tr><td rowspan="8">税务外部信息</td><td rowspan="3">外部参考信息</td><td>一级指标</td><td colspan="3">二级指标</td><td>评级标准</td></tr>
<tr><td>评价年度优良信用记录</td><td colspan="3">外部门信用最高级别（如 2014 年：海关 × ×，工商 × ×，质检 × ×，环保 × ×，银行 × × ……）</td><td rowspan="2">仅记录不扣分</td></tr>
<tr><td>评价年度不良信用记录</td><td colspan="3">外部门信用最低级别（如 2014 年：海关 × ×，工商 × ×，质检 × ×，环保 × ×，银行 × × ……）</td></tr>
<tr><td rowspan="5">外部评价信息</td><td>银行</td><td colspan="3">银行账户设置数大于纳税人向税务机关提供数</td><td>扣 11 分</td></tr>
<tr><td>工商</td><td colspan="3">已经在工商部门完成股权转让变更登记或其他涉税变更登记的纳税人至评价年度结束时未向税务机关报告相关信息</td><td>扣 11 分</td></tr>
<tr><td>房管、土地管理部门或媒介</td><td colspan="3">欠税 5 万元以上纳税人处置其不动产或大额资产之前未向税务机关报告</td><td>扣 11 分</td></tr>
<tr><td>海关</td><td colspan="3">进口货物报关数小于增值税进项申请抵扣数</td><td>扣 11 分</td></tr>
<tr><td>……</td><td colspan="3">……</td><td>……</td></tr>
</table>